O PODER DO SEU SIGNO

Chani Nicholas

O PODER DO SEU SIGNO

Astrologia Moderna para Autoconhecimento, Espiritualidade e Sucesso

Tradução
Denise de Carvalho Rocha

Editora
Pensamento
SÃO PAULO

Título do original: *You Were Born for This – Astrology for Radical Self-Acceptance.*
Copyright © 2020 Chani Nicholas.

Publicado mediante acordo com Harper One Inc., uma divisão da Harper Collins Publishers.

Copyright da edição brasileira © 2021 Editora Pensamento-Cultrix Ltda.

1ª edição 2021.

Todos os direitos reservados. Nenhuma parte deste livro pode ser reproduzida ou usada de qualquer forma ou por qualquer meio, eletrônico ou mecânico, inclusive fotocópias, gravações ou sistema de armazenamento em banco de dados, sem permissão por escrito, exceto nos casos de trechos curtos citados em resenhas críticas ou artigos de revista.

A Editora Pensamento não se responsabiliza por eventuais mudanças ocorridas nos endereços convencionais ou eletrônicos citados neste livro.

Ilustrações de Karen McClellan.

Editor: Adilson Silva Ramachandra
Gerente editorial: Roseli de S. Ferraz
Gerente de produção editorial: Indiara Faria Kayo
Editoração eletrônica: Join Bureau
Revisão: Luciana Soares da Silva

Dados Internacionais de Catalogação na Publicação (CIP)
(Câmara Brasileira do Livro, SP, Brasil)

Nicholas, Chani
  O poder do seu signo: astrologia moderna para autoconhecimento, espiritualidade e sucesso / Chani Nicholas; tradução Denise de Carvalho Rocha; [ilustrações de Karen McClellan]. – São Paulo: Editora Pensamento Cultrix, 2021.

  Título original: You were born for this: astrology for radical self-acceptance.
  ISBN 978-65-87236-28-5

  1. Astrologia I. McClellan, Karen. II. Título.

20-46174   CDD-133.5

Índices para catálogo sistemático:
1. Astrologia   133.5
Cibele Maria Dias – Bibliotecária – CRB-8/9427

Direitos de tradução para o Brasil adquiridos com exclusividade pela
EDITORA PENSAMENTO-CULTRIX LTDA., que se reserva a propriedade literária desta tradução.
Rua Dr. Mário Vicente, 368 – 04270-000 – São Paulo – SP
Fone: (11) 2066-9000
http://www.editorapensamento.com.br
E-mail: atendimento@editorapensamento.com.br
Foi feito o depósito legal.

Este livro, esta vida, este trabalho não existiriam sem o meu amor, a minha melhor amiga, a minha parceira em tudo, a minha esposa:
   Sonya Priyam Passi.
   Você junta meus pedaços todos os dias. Você me cativa infinitamente. Você me inspira a descobrir o que é possível e o que está mais além. Você é a pessoa mais corajosa e cheia de compaixão que eu já conheci. Você é a minha deusa da Fortuna, minha maior bênção e meu chamado espiritual. Agradeço aos céus por ter você em todos os momentos, todos os dias.
   Seu amor é a força mais poderosa que já conheci. Ele transformou todas as feridas em lição, todos os desgostos em momentos que não me pertencem mais, todos os obstáculos em oportunidades. É uma força indomável que me envolve, me protege e me eleva. Ser sua parceira é um grande privilégio, uma honra e minha dádiva mais preciosa.
   Eu sei que todos os dias que vivi antes de conhecê-la eram só uma preparação para o dia em que a conheceria. Encontrá-la ativou meu potencial de maneiras que eu nunca poderia ter imaginado. Sem dúvida alguma, quando nos encontramos, todo o resto se encaixou no meu mundo. Obrigada por ter me encontrado, ficado ao meu lado e criado esta vida incrível junto comigo.

SUMÁRIO

INTRODUÇÃO   11

O Dia em que Fui Vista   11

Autoaceitação Radical   13

1
SEU MAPA ASTRAL   19

O Retrato do seu Potencial   19

As Três Chaves do seu Mapa   20

Calcule o seu Mapa   21

Assuma um Compromisso com esse Processo   24

Como Usar este Livro   26

2
PRINCÍPIOS BÁSICOS   31

"QUEM": Os Planetas   31

"COMO": Os Signos   32
Modalidades e Elementos   34
Lares, Tronos e Ambientes Hostis   38

"ONDE": As Casas   39

RELACIONAMENTOS: Os Aspectos   42
As Dádivas   43
Os Desafios   44
As Fusões   46

JUNTANDO TUDO: As Regras   47

3
A PRIMEIRA CHAVE: O SEU SOL   49
O Propósito da sua Vida

☉

O SIGNO DO SEU SOL:
Como Você Brilha?   52
Em que Signo Está o seu Sol?

A CASA DO SEU SOL:
Em que Área da Vida Você Precisa Brilhar?   80
Em que Casa Está o seu Sol?

RELACIONAMENTOS COM OUTROS PLANETAS:
Quem Está Influenciando a sua Capacidade de Brilhar?   95
Que Planetas Estão em Aspecto com o seu Sol?

4
A SEGUNDA CHAVE: A SUA LUA   111

Suas Necessidades Físicas e Emocionais

☾

O SIGNO DA SUA LUA:
Como Você Satisfaz suas Necessidades Físicas e Emocionais?   113

Em que Signo a sua Lua Está?

A CASA DA SUA LUA:
Onde Você Satisfaz suas Necessidades Físicas e Emocionais?   138

Em que Casa a sua Lua Está?

RELACIONAMENTOS COM OUTROS PLANETAS:
Quem Está Influenciando a sua Capacidade de Satisfazer as suas Necessidades Físicas e Emocionais?   155

Que Planetas Estão em Aspecto com a sua Lua?

5
A TERCEIRA CHAVE: O SEU ASCENDENTE E O REGENTE DO SEU ASCENDENTE   173

A Motivação da sua Vida e o Timoneiro do seu Navio

☼

O SIGNO DO SEU ASCENDENTE:
Qual a Motivação da sua Vida?   177

Qual é o Signo do seu Ascendente?

PLANETAS NO MESMO SIGNO QUE O SEU ASCENDENTE:
Quem Está Influenciando a Motivação da sua Vida?   201
Você Tem Planetas no mesmo Signo que o seu Ascendente?

O PLANETA QUE REGE O SEU ASCENDENTE:
Quem Está no Leme do Navio da sua Vida?   214
Que Planeta Rege o seu Ascendente?

CASA DO REGENTE DO SEU ASCENDENTE:
Para que Área da sua Vida Você Está Sendo Direcionado?   251
Em que Casa Está o Regente do seu Ascendente?

O QUE VEM EM SEGUIDA?   273

Agradecimentos   277

Apêndice 1   281
Cada Signo e seu Símbolo, Modalidade, Elemento e Planeta Regente

Apêndice 2   283
Cada Planeta e seu Símbolo, Signo de Domicílio, Signo de Detrimento, Signo de Exaltação e Signo de Queda

Apêndice 3   285
As Casas

Apêndice 4   287
Acesso Rápido aos Aspectos

Apêndice 5   293
Mapas Astrais de Maya Angelou e de Frida Kahlo

INTRODUÇÃO

O DIA EM QUE FUI VISTA

A primeira vez que me deparei com a astrologia foi também a primeira vez que me lembro de ter sido "vista" por alguém. Eu tinha 8 anos de idade. Morava numa cidadezinha aninhada no sopé das Montanhas Rochosas e estava cercada tanto pela beleza imensurável da natureza quanto pelos destroços implacáveis do vício. Passei muito tempo da minha infância sozinha. Enquanto os adultos da minha vida se embebedavam e se autodestruíam, num abandono lascivo, eu assistia *The Cosby Show* e sonhava com uma vida em que eu tinha pais, irmãos, avós e toda uma linhagem que me reivindicasse. Quando as festas passaram a ser na minha casa, comecei a sentir um tipo diferente de solidão. Uma overdose, um acidente fatal, uma espingarda disparada, uma condenação. Quando eu tinha 5 anos, já conhecia o gosto da cocaína. Sabia que não devia contar a ninguém sobre nada que acontecesse na minha casa. Eu vivia o tempo todo apavorada. Por isso me escondia. Me escondia em qualquer banheiro com uma tranca na porta. Me escondia dentro da minha personalidade autoconstruída, que era distante, sarcástica e reservada. Me escondia para proteger meu ser, dolorosamente sensível e poroso, das bordas afiadas dos sofrimentos da idade adulta, que devoraram a minha infância.

Como as pessoas ao meu redor deixavam tudo caótico, não era incomum que eu desse por mim em algum barraco improvisado, à beira de uma estrada de terra, na companhia de adultos com quem eu não queria estar e presenciando coisas que era incapaz de entender ou enfrentar. Eu estava justamente nessa situação no dia fatídico em que me deparei com a astrologia pela primeira vez. Uma mulher que eu não conhecia, branca, magra, despenteada e com um olhar bem pouco amável, me deu um presente de que nunca me esqueci. Munida apenas da data do meu nascimento, ela verificou, num livro de astrologia, a localização dos planetas no dia em que nasci. Depois olhou para mim com um leve brilho nos olhos e disse: "Você é muito crítica".

Sim. Sou mesmo, pensei com orgulho.

Eu não tinha ideia do que aquela palavra realmente significava, mas me identifiquei de imediato com o que eu achava que ela queria dizer. A mulher estava vendo o quanto eu era diferente daquele ambiente. Ela via que eu tinha o tipo de discernimento que faltava nas pessoas ao meu redor. Eu tinha senso crítico e, com isso, encontraria uma maneira de sair daquele pandemônio.

Embora eu nunca mais tenha encontrado a tal mulher, essa breve interação me deu algo em que pensar. Podia ser apenas uma migalha, mas, quando isso é tudo o que você tem, uma migalha parece um verdadeiro banquete. Numa situação que ameaçava me destruir, alguém tinha consultado um livro de símbolos e números e usado a astrologia para descobrir uma verdade sobre mim que acabaria por salvar a minha vida.

Sentir que somos vistos é essencial para nossa humanidade, nosso crescimento e nossa capacidade de superar os traumas que vivemos. Se a astrologia faz o seu trabalho, ela oferece um espelho no qual vemos o melhor de nós mesmos e as oportunidades que temos para crescer.

AUTOACEITAÇÃO RADICAL

Quando eu tinha 12 anos, interpretaram, pela primeira vez, o meu mapa astral completo. Meu pai tinha acabado de cruzar o país e se mudado para Toronto com a minha segunda madrasta, a mulher que praticamente me criou. Eu passei muitos fins de semana com ela e os dois filhos. Nossas infâncias eram paralelas. Nossos pais se embebedavam juntos, trabalhavam juntos e ficavam doidões juntos. Nós passamos juntos alguns dos momentos mais angustiantes da nossa vida e sobrevivemos. O fato de meu pai e da mãe deles terem fugido da cidadezinha em que crescemos significava que eles estavam dispostos a deixar para trás (pelo menos em parte) a violência, as drogas e a autodestruição nos quais estávamos todos chafurdando.

Os traumas que criaram um vínculo entre nós eram sólidos e, pelo menos naquele momento, parecia que juntos poderíamos conseguir curar a mágoa coletiva da década anterior. Éramos um bando de crianças traumatizadas, vindas de uma cidade pequena, com uma família de desajustados, em busca de uma nova chance na cidade grande.

Minha nova madrasta, Anita, era mestre em Reiki. Além de ser a agente de cura mais cativante, encantadora, espiritual e sincera que já conheci, ela tinha amigas que eram tão talentosas nas artes de cura e tão excêntricas quanto ela. Videntes, astrólogas, terapeutas de vidas passadas, artistas e afins viviam em volta dela, e de mim também, quando eu passava uma temporada em Toronto. Todas as pessoas que conheci por meio dela pareciam decididas a viver uma vida menos destrutiva. Elas passavam o tempo desenvolvendo suas práticas de cura, e conhecê-las me deu um vislumbre de outro jeito de ser.

Logo após a mudança, Anita presenteou a família com uma leitura de Taina Ketola, uma astróloga que ela conhecia e com quem havia trabalhado. Taina morava numa cidadezinha nos arredores de Toronto, numa casa de aparência normal, num bairro pacato do subúrbio. Dentro da casa, o mundo que ela construiu, pelo menos para mim, era tudo menos pacato ou normal. Assim que ela começou a descrever cada um de nós, fiquei hipnotizada. Era a primeira vez que eu ouvia alguém usar aquela linguagem simbólica, mas sentia como se já a conhecesse desde sempre. Explicando as complexidades dos nossos mapas com grande desenvoltura e senso de humor, ela me ajudou a entender como e por que cada um de nós lidava de maneira diferente com a situação que vivíamos e como cada um de nós enfrentava a vida em geral. As distinções que ela era capaz de fazer entre nós me ajudou a entender o meu modo de ser, em comparação a todas as outras pessoas, o que é sempre útil, mas, numa nova unidade familiar, é essencial. Ela tinha escrito um livro, *The New Astrology*, que meu pai comprou para mim. Aquele livro se tornou a minha bíblia. Eu era uma criança em busca de qualquer tipo de sabedoria e orientação, e a astrologia se tornou, de imediato, a minha mais completa obsessão. Foi só depois de décadas, porém, que eu finalmente a aceitei como o meu caminho.

Demorei muito para amadurecer. Quando digo "muito", quero dizer muito mesmo. Os astrólogos me avisaram que, na posição em que Saturno está no meu mapa, essa era uma possibilidade, mas, quando você é só uma criança, fica difícil entender o que isso pode significar. Eu tinha muita energia, mas as únicas maneiras que conhecia de extravasá-la eram a terapia, os cursos de Reiki com Anita, os rituais espirituais, os livros de autoajuda, as afirmações, as meditações, os episódios da Oprah e a astrologia. Passei quase toda a década dos 20 aos 30 anos numa "incubadora de cura". Para me sustentar, eu fazia trabalho comunitário, leituras astrológicas, sessões de Reiki, muitos bicos como garçonete, *bartender*, faxineira, temporária e qualquer coisa que pagasse as minhas contas. Apesar de saber que oferecer consultas astrológicas era uma maneira de ganhar dinheiro, eu não me sentia forte, do ponto de vista emocional, psicológico ou estrutural, para ganhar a vida assim. Viver exclusivamente de consultas astrológicas também nunca pareceu suficiente para mim. Embora seja uma honra interpretar o mapa astral das pessoas, eu sempre soube que queria um meio mais amplo de atingir o público. Antes da mídia social, no entanto, a possibilidade de comunicação com o grande público só estava ao alcance de algumas pessoas. Meu trabalho, como ele existe hoje, não era uma opção quando eu tinha 20 anos. Às vezes, amadurecemos mais tarde porque precisamos dar um tempo para o mundo nos alcançar.

A verdade é que me senti perdida durante a maior parte da minha vida profissional. Quando tinha 30 e poucos anos, eu tinha uma longa jornada de trabalho, dando aulas de yoga para pessoas de todo tipo de ambiente e situação – celebridades, pacientes com câncer, moradores de rua e presidiários. Meu trabalho estava no campo da cura, mas eu ainda me sentia insatisfeita. Não estava vivendo meu propósito, e isso me atormentava. Eu não queria fazer parte do "Complexo Industrial do Yoga". Não queria ensinar uma disciplina espiritual e física que vinha de uma cultura que não era a minha. Não queria ser outra mulher branca fazendo apropriação cultural da espiritualidade indiana. Procurei muito algo para fazer. E me lamuriava muito. Vivia cheia de amargura porque as coisas não eram fáceis para mim.

Enquanto isso, eu sonhava o tempo todo com os planetas. Falava sobre astrologia na terapia e, quando fazia isso, minha terapeuta dizia: "Sabe, toda vez que você fala sobre astrologia, seu rosto se ilumina, a sala fica cheia de energia, todo o seu ser se transforma". E eu olhava fixamente para ela, irritada por ela não entender minha crise.

Eu estava profundamente frustrada, sem dinheiro e ficando mais velha a cada dia. Então fiz o que qualquer pessoa na casa dos 30 anos faz quando não consegue descobrir o que fazer da vida.

Voltei para a escola.

Terminei meu bacharelado no "California Institute of Integral Studies (CIIS)" de San Francisco, onde um grupo de educadores atenciosos, compassivos e brilhantes ajudaram a despertar em mim a necessidade de trabalhar com justiça social e a ver a necessidade e o amor que eu tinha pela escrita. Ao mesmo tempo, a mídia social estava mudando nossa maneira de nos comunicar e eu estava voltando a me dedicar à astrologia, agora de um jeito novo por causa disso.

Eu não queria ser astróloga; na minha opinião, essa não era uma profissão de verdade. Eu queria ter um trabalho que fizesse de mim uma pessoa respeitável. Depois de crescer numa cidade tão cheia de escapismo e faz de conta, eu queria algo que me garantisse uma certa solidez neste mundo e tivesse uma utilidade real e prática na vida das pessoas. Como a astrologia poderia me dar isso?

Os planetas tinham algumas ideias. Como sempre, eles ainda me visitavam durante os sonhos, só que agora estavam ficando mais ruidosos e tirânicos, me acordando aterrorizada no meio da noite. Parecia que a única maneira de acalmá-los era mostrar obediência. Armada com um *blogspot* e meus primeiros horóscopos estranhos e confusos, comecei a escrever – não porque achasse que alguém poderia gostar da minha marca de autoajuda astropolítica (eu, na verdade, tinha certeza de que as pessoas iriam odiá-la), mas porque sentia que, se não canalizasse tudo o que estava despertando dentro de mim, aquilo seria um tiro pela culatra no meu organismo.

Ainda tive de enfrentar alguns anos de dúvida, tentativas fracassadas de encontrar uma carreira significativa em outro lugar e a desistência de três programas de mestrado antes de finalmente decidir apostar todas as minhas fichas. Eu estava exausta. Já tinha tentado de tudo. E continuava voltando ao que a minha terapeuta e outras pessoas tinham me dito antes. Era na astrologia que a minha energia estava. Quando falava sobre o assunto, eu ficava toda empolgada. Era fácil para mim descartar isso quando era mais jovem, mas com a idade percebi o quanto aquele gosto por um assunto, na verdade, era raro. Quando nos voltamos para as coisas que nos enchem de senso de propósito, energia e entusiasmo, nos tornamos um meio para canalizar tudo isso de forma multiplicada.

Escrever horóscopos me propiciou uma conexão com o mundo exterior. Eu ainda estava solteira, sem muitas perspectivas em termos familiares e dolorosamente solitária na maior parte do tempo, mas escrever parecia (e ainda parece) um caso de amor. Eu estava criando um lugar para mim neste mundo e podia sentir que aquele era o começo de algo que eu tinha procurado ao longo de toda a minha vida. Alguns anos depois de escrever horóscopos, comecei a estudar formalmente a astrologia tradicional com Demetra George e, quando fiz isso, percebi que a astrologia – o ritual – e o trabalho com pessoas da maneira como eu estava começando a fazer estavam todos no meu mapa astral. Claro como o dia. Esperando que eu reconhecesse, aceitasse e incorporasse isso na minha vida. Logo depois, conheci a mulher que se tornaria minha esposa e todas as pecinhas da minha vida começaram rapidamente a se encaixar.

A astrologia me ajudou a aceitar meu passado, meu presente e meu futuro em potencial, da maneira mais radical e com mais certeza do que qualquer outra coisa. Ofereço a você este livro na esperança de que ele valide os desejos e sonhos mais profundos da sua vida, enquanto desafia você a aceitar a responsabilidade de torná-los realidade.

Capítulo 1

SEU MAPA ASTRAL

O RETRATO DO SEU POTENCIAL

Seu mapa astral é um instantâneo do céu no momento em que você respirou pela primeira vez. Ele marca sua chegada aqui na Terra; é um retrato celeste, se você preferir, que detém as chaves para você viver uma vida cheia de propósito. A astrologia popular concentrou-se numa parte do alfabeto astrológico: o signo solar. Embora o Sol pudesse estar em Sagitário quando você nasceu, essa é só uma pequena parte do que estava ocorrendo no céu. Você tem todos os planetas e signos em algum lugar do seu mapa. A astrologia representa a totalidade da vida e, como a vida, não podemos escapar de nenhum dos seus aspectos. Você não é apenas virginiano, geminiano ou libriano; você é um momento no tempo, com todos os signos, planetas e pontos representando uma parte de quem você é, de como você se movimenta no mundo e do que veio fazer neste planeta.

Qualquer que seja o padrão constelado nos céus no momento em que você deu o seu primeiro suspiro, ele é a impressão cósmica da sua alma, o mapa da jornada que você fará nesta vida e dos caminhos pelos quais fará isso. Se Marte marca seu mapa de uma maneira proeminente, provocando controvérsia e inspirando atos de coragem em você, ou Júpiter está no comando da direção da sua vida, incentivando-o a abrir portas por meio do otimismo e da generosidade, você, como tudo e todos aqui, é um amuleto de significado celestial.

As posições dos planetas em seu mapa astral revelam a natureza da sua vida sem nenhum tipo de julgamento. Sua configuração astrológica é um reflexo neutro da sua vida, bem como um espelho. Somente a pessoa que olha o reflexo o julga; o espelho simplesmente reflete o que está diante dele. A astrologia nos lembra de que somos exatamente como deveríamos ser por uma boa razão. Com uma intenção e um propósito que devemos cumprir se quisermos sentir algum tipo de realização.

AS TRÊS CHAVES DO SEU MAPA

Existem três chaves em todo mapa astral que explicam, de um jeito básico, o propósito da sua vida, suas necessidades físicas e emocionais e sua motivação para viver. É quase embaraçoso admitir que o significado do meu mapa só ficou claro para mim depois dos meus 30 e tantos anos. Eu o estudava há décadas. Já tinha me perdido num milhão de "tocas de coelho", tentando entender os seus ângulos mais obscuros. Tinha me consultado com muitos astrólogos talentosos, mas, até eu mesma ter domínio dos instrumentos da astrologia tradicional e entender meu mapa por meio dessas três chaves muito simples, não conseguia ver o quadro da minha vida que eles representavam. As especificidades do meu potencial eram apenas referências vagas para um futuro que parecia estar constantemente se esquivando de mim. É por isso que sou tão apaixonada pela ideia de ensinar você a entender seu mapa dessa maneira.

As três chaves são:

1. ☉ **Sol** – o propósito da sua vida
2. ☾ **Lua** – suas necessidades físicas e emocionais
3. ♎ **Ascendente e seu regente** – a sua motivação para viver e a direção que a sua vida segue

No final da leitura deste livro, você entenderá cada uma dessas três chaves no seu mapa e terá os instrumentos necessários para desbloqueá-las. Elas vão embasar sua compreensão de si mesmo, da sua vida e do seu significado e ajudá-lo a aumentar sua capacidade de se amar e se aceitar como é. Compreender nosso mapa astrológico é a porta, mas o esforço para atravessá-la somos nós que fazemos.

O Sol em seu mapa dá detalhes sobre como e onde você precisa brilhar. A Lua em seu mapa lhe diz como você pode cumprir da melhor maneira possível o objetivo da sua vida no dia a dia, tendo muito cuidado e consideração pelas suas necessidades físicas e emocionais. O signo do seu Ascendente lhe dá pormenores sobre o tipo específico de motivação que você tem para viver a sua vida. O planeta que rege o seu Ascendente lhe diz em que direção a sua vida segue.

Todo os demais elementos do seu mapa potencializam ou desafiam essas chaves ou são secundários para o propósito deste livro.

CALCULE O SEU MAPA

Para calcular o seu mapa astral, você tem a opção de visitar o meu *site*, em www.chaninicholas.com*. Você precisará do dia, mês, ano,

---

* As interpretações do mapa no *site* da autora são em inglês. Também é possível calcular o seu mapa astral em vários *sites* brasileiros de astrologia tradicional, que, ao contrário da astrologia moderna, não considera os planetas Urano, Netuno e Plutão como planetas regentes. (N.T.)

local e horário do seu nascimento, para que o mapa possa ser calculado com precisão. O tempo é tudo na astrologia. Quanto mais precisa for sua hora de nascimento, mais preciso também será seu mapa. É por isso que sempre vale a pena fazer um esforço extra para investigar a hora exata do seu nascimento.

E SE VOCÊ NÃO SABE A HORA EM QUE NASCEU?

Se você não sabe qual a hora do seu nascimento, pode consultar a sua certidão. Se não tiver mais a certidão, recomendo que providencie uma cópia, pois somente nesse documento consta a sua hora de nascimento. Você também pode entrar em contato com a maternidade onde nasceu, para obter o registro do dia de seu nascimento. Se essa alternativa também não for viável, talvez você precise encontrar um parente ou amigo da família que possa se lembrar da hora em que você nasceu ou tenha um Livro do Bebê com essa informação.

Se você já esgotou todas essas possibilidades, saiba que ainda lhe restam algumas opções. A primeira é a retificação, o processo de tentar descobrir sua hora de nascimento por meio de quaisquer informações que você tenha e a data de acontecimentos importantes da sua vida. É um pouco demorado e dispendioso, e não garante que você chegue à hora exata do seu nascimento, mas muitas pessoas ficam satisfeitas com os resultados. Encontre um astrólogo que faça esse trabalho e possa ajudá-lo a descobrir sua hora de nascimento aproximada, levando em conta os acontecimentos mais importantes da sua vida.

A outra opção é usar os dados que você já tem, com a consciência de que estará se beneficiando dos recursos da astrologia, mas de uma maneira bem menos específica. Você não saberá em que casas os seus planetas ou signos estão no seu mapa, mas ainda poderá obter muitas informações sobre os seus pontos fortes e os desafios da sua configuração astrológica, pois saberá em que signos os seus planetas estão e o modo como os planetas se relacionam entre si no seu mapa. Você não saberá qual é o seu Ascendente ou o regente do seu Ascendente, que é uma das chaves descritas neste livro. No entanto, as informações que você terá sobre o seu Sol e a sua Lua, e o relacionamento desses dois luminares com os outros planetas do seu mapa, ainda podem oferecer muitos dados astrológicos valiosos com que você pode trabalhar. O padrão no céu ainda revelará dados específicos e informativos sobre a sua vocação na vida.

É importante que você conheça seu mapa na íntegra, em vez de ter apenas uma lista dos signos em que os planetas estavam quando você nasceu. Essa lista é útil, mas parece que algo desperta dentro de nós quando vemos o diagrama do céu no momento em que respiramos pela primeira vez. É localizando os planetas nas casas e examinando as conexões que eles têm entre si que aprendemos sobre a astrologia.

Ao observar o seu mapa, você pode ficar confuso diante de tantos padrões. Pode levar um tempo até que todas essas informações se integrem na sua cabeça. Aceite isso pelo que é: uma jornada, não algo que você possa dominar ou fazer com precisão logo de cara. Embora você possa compreender algumas coisas de imediato, outras só começarão a fazer sentido depois de um bom tempo.

Esse processo requer paciência, compaixão e humildade. Muitos de nós recorremos à astrologia para encontrar a nós mesmos. Para dar um sentido à nossa vida. Para descobrir algumas pistas sobre o que viemos fazer aqui e para saber se estamos ou não no caminho certo. Seu mapa astral mostrará tudo isso e muito mais, se você tiver paciência para aprender a linguagem da astrologia e estudar as maneiras, às vezes morosa, pelas quais ela lhe dá respostas.

Como Demetra George costuma dizer, assim como outras tradições de sabedoria, a astrologia é um "sistema secreto em si mesmo", o que significa que os ensinamentos não são totalmente acessíveis até que o aluno esteja pronto para aprender. Até que estejamos aptos a entender algo sobre nós mesmos e o nosso mapa, ela escapará à nossa compreensão. A astrologia, como qualquer prática terapêutica, funciona melhor com o tempo e à medida que vamos retirando suas camadas de informações. Trata-se de uma linguagem simbólica, que se comunica tanto com o nosso cérebro lógico quanto com a nossa mente inconsciente. Quando estiver pronto, ela inundará você com suas ideias, iluminando os arquétipos que está vivendo, as lições que eles estão lhe ensinando e as maneiras pelas quais você pode canalizar sua energia vital. Às vezes pode levar anos para conseguirmos ter as "sacadas" de que precisamos, mas elas sempre vêm na hora certa.

Mesmo quando entendemos as palavras que nos dizem, pode ser difícil compreender o que elas podem significar para nós no momento. A compreensão do nosso mapa astrológico exige que compreendamos a nós mesmos, o que exige um certo esforço. Precisamos desenvolver uma disposição para sermos introspectivos, contemplativos, reflexivos e curiosos sobre como nos comportamos no mundo e como o mundo pode reagir a isso.

Use os instrumentos da astrologia com respeito absoluto pelo poder que eles têm e com a consciência de que leva muito tempo para entender o que eles estão comunicando e do que são capazes.

ASSUMA UM COMPROMISSO COM ESSE PROCESSO

Lembro-me de um astrólogo que certa vez me disse, ao examinar o meu mapa, que não sabia como eu tinha me deixado ser amada. Eu entendi o que ele queria dizer porque sabia o que estava observando no meu mapa, mas eu me senti completamente "patologizada" com a opinião que ele tinha da minha capacidade de superar desafios, mostrada no meu mapa. Naquele momento, tive de me esforçar muito para não dar àquele astrólogo (alguém que durante muitos anos eu tive em alta conta e ainda tenho) poder sobre a minha vida e seus caminhos. Levei um minuto, mas por fim optei por acreditar que eu era capaz de me curar. Eu ainda tinha conserto. Tinha encontrado amor. Descoberto que, na verdade, fico muito em sintonia com a atitude de dar e receber quando estou em ambientes favoráveis.

Nossa noção preconcebida de nós mesmos ou de outras pessoas pode dominar nossa visão de mundo e nos levar a perder totalmente de vista o que é mais importante na nossa vida e na nossa astrologia.

Antes de prosseguir com a leitura deste livro ou com o estudo do tópico do seu interesse, pense na possibilidade de fazer os acordos a seguir consigo mesmo; comigo, a sua guia no momento; e com o sistema da astrologia em geral:

1. **Prometo não dar poder demais à minha compreensão atual do meu mapa.**

    Enquanto aprende sobre a sua configuração astrológica, pode ter certeza de que você não entenderá muito bem o que está vendo. E provavelmente vai levar um bom tempo até que isso mude.

    Infelizmente, nós, seres humanos, somos seres extremamente dramáticos. Tendemos a projetar nossas preocupações e nossos preconceitos em tudo o que vemos pela frente, ainda mais quando estamos tentando encontrar um reflexo exato de nós mesmos. Não sei quantas vezes alguém me procurou em pânico, achando que o mundo ia acabar, por causa de algo que interpretou mal no próprio mapa. Quando damos poder demais ao nosso mapa, ou a qualquer coisa ou pessoa da nossa vida, perdemos o contato com a nossa capacidade de agir. Procure olhar o seu mapa com uma postura investigativa e otimista.

2. **Prometo nunca subestimar a sabedoria que há por trás do meu mapa.**

    À medida que for entendendo a si mesmo e a sua vida com mais profundidade, você também entenderá o seu mapa com mais profundidade. Cuidado para não tirar conclusões precipitadas sobre o que ele significa antes de ter a chance de vivenciar, moldar e potencializar as possibilidades que ele apresenta.

À medida que crescemos e mudamos, a nossa capacidade de lidar com os aspectos mais difíceis da nossa vida aumenta. Com o tempo e um pouco de esforço, conseguimos enfrentar com mais perspicácia e inteligência aquilo que nos faz sofrer. Se estiver comprometido com a sua própria cura, você passará a valorizar os aspectos mais difíceis do seu mapa e da sua vida. O que parece assustador a princípio pode se tornar uma mina de ouro de possibilidades, se estivermos preparados para ser transformados.

3. Prometo estar sempre aberto à possibilidade de aprender, desaprender e reaprender.

Não importa o que descubra no seu mapa, você tem o poder de se aprimorar, se curar, mudar e evoluir. Nenhum aspecto astrológico pode tirar esse poder de você. Seja nosso mapa favorável ou desafiador, somos nós os responsáveis pela tarefa de ser uma pessoa melhor. Só você pode optar por crescer ou não.

COMO USAR ESTE LIVRO

Quando você começar a se aprofundar no estudo deste material, saiba que é sempre bom refletir sobre cada coisa que aprende. Escrever é particularmente útil. Faça pausas na leitura. Deixe o que lhe parecer mais verdadeiro calar fundo dentro de você. Sonhe com isso. Comente sobre isso na terapia, converse a respeito com os amigos em quem mais confia e com os seus mentores.

A estrutura deste livro foi elaborada para que ele seja tanto um guia quanto um caderno de exercícios. No final de cada grande aprendizado que você fará, haverá perguntas para reflexão, que você pode aprofundar até o nível que desejar. Eu farei tudo o que estiver ao meu alcance para guiá-lo por esta jornada de autodescoberta, à medida que apresento as definições básicas e você começa a desenvolver uma compreensão mais profunda de tudo o que seu mapa está lhe comunicando.

Trate este livro como aqueles do tipo em que você escolhe a sua própria aventura. Vamos estudar nos mínimos detalhes o seu Sol, a sua Lua, o seu Ascendente e o regente do seu Ascendente. Salte algumas páginas e avance até a seção que explica a configuração do seu mapa, em particular. Faça anotações. Responda às perguntas para reflexão e analise as afirmações que lhe parecerem mais úteis. Leia e releia cada informação até que se sinta pronto para absorver novas informações sobre seu mapa. Você também pode usar este livro para interpretar o mapa de outra pessoa, se ela lhe der permissão. Esta jornada é sua. É a sua aventura. Eu sou apenas um dos muitos guias ao longo do caminho.

Ao longo deste livro, eu me refiro aos mapas da dra. Maya Angelou* e de Frida Kahlo**, duas pessoas que deixaram um rico legado autobiográfico que ajudou a moldar a cultura, a arte e suas respectivas profissões. Eu as escolhi não apenas porque o trabalho delas tem sido profundamente significativo para muitas pessoas, inclusive para mim, mas também porque, num nível mais prático, é fácil ter acesso à data exata de nascimento de ambas, algo que nem

---

* Pseudônimo de Marguerite Ann Johnson, grande escritora e poetisa norte-americana, figura influente da cultura afro-americana, que lutou pelos direitos civis e pela igualdade. (N. T.)

** Pintora mexicana, ícone feminino nas artes, que retratava em seus quadros as tragédias de sua vida e seus amores. (N. T.)

sempre é possível. Além disso, as duas já viveram e já deixaram este mundo, portanto, não precisamos adivinhar nenhum futuro em potencial, ainda não vivido.

> **CHECKLIST DE LEITURA**
>
> *Antes de seguir, providencie os seguintes itens:*
>
> - *Seu mapa*
> - *Caneta, papel, marcadores coloridos*
> - *Seu diário*
> - *Água e petiscos*

Como criar um altar em homenagem à sua jornada de autoaceitação radical

Altares são espaços que criamos intencionalmente para marcar momentos importantes para nós. Os altares não precisam ser religiosos ou espirituais, se isso não for algo que lhe agrade. Eles são um espaço para a cura psicológica e emocional e devem corresponder às suas necessidades, ao seu estilo de vida, à sua cultura e ao seu nível de comprometimento.

Se a ideia lhe agradar, você pode construir um altar para o trabalho que faremos juntos neste livro, como uma forma de celebrar sua experiência e marcar essa jornada. Acrescente elementos ao seu altar à medida que analisa o seu mapa astral, para lhe dar vida e uma existência física. Enquanto lê sobre cada planeta, você pode consultar o *site*, em inglês, da autora e ter mais informações sobre suas propriedades e as cores, os sabores, aromas, ervas, alimentos, metais e minerais que eles regem, para ter uma ideia sobre sua natureza e as diferentes maneiras pelas quais podem estar se manifestando na sua vida.

Quando criar o seu altar, comece escolhendo um espaço limpo e iluminado, que fique de preferência no lado leste. O ideal é que o altar fique num ambiente neutro. Se você tiver uma mesa, um balcão ou uma prateleira que possa servir de altar, saiba que é bom mantê-lo sempre no mesmo lugar para que você saiba, somaticamente, que o fato de estar nesse espaço significa que você está fazendo algum tipo de trabalho de cura.

O seu altar pode ser bem simples ou extremamente elaborado, você é quem decide. Porém, uma vela, uma flor e uma intenção bastam para começar. À medida que você aprende sobre seu Sol, sua Lua e o regente do seu Ascendente, fique à vontade para acrescentar objetos no seu altar que os representem e representem qualquer planeta que se relacione com eles, como uma forma de reverenciá-los e conhecê-los melhor.

Capítulo 2

PRINCÍPIOS BÁSICOS

Vamos começar pelos princípios básicos. No seu mapa, há planetas, signos, casas e aspectos. É essencial entender o que eles são e como interagem.

"QUEM": OS PLANETAS

Na astrologia, os planetas são descritos como os "atores" do nosso mapa, por isso eu os chamo de "Quem". Eles são os diferentes personagens do teatro da nossa vida. Alguns parecem que estão nos perseguindo, frustrando todos os nossos planos, enquanto outros estão sempre apoiando nossas ideias. Por exemplo, Saturno e Marte geralmente vão nos testar (ou nos fazer testar as outras pessoas), antes de nos conceder suas dádivas. Júpiter e Vênus, por outro lado, podem nos dar amor e sorte logo de cara, sem pedir muito em troca. Todos os planetas, como os personagens de uma peça teatral, são necessários. Se o papel de algum deles se exceder, poderemos nos sentir sobrecarregados, mas precisamos de todos eles para contar a nossa história. Os planetas têm qualidades específicas que criam condições em nosso corpo, em nossa vida e em nossos relacionamentos.

Os planetas tradicionais e os papéis que representam:

☿ **Mercúrio** – o Mensageiro

♀ **Vênus** – o Amante

♂ **Marte** – o Guerreiro

♃ **Júpiter** – o Sábio

♄ **Saturno** – o Chefe

Os planetas modernos e os papéis que representam:

♅ **Urano** – o Revolucionário

♆ **Netuno** – o Sonhador

♇ **Plutão** – o Transformador

"COMO": OS SIGNOS

Cada signo tem seu próprio modo de agir, seu próprio talento, seu próprio estilo. Cada planeta do seu mapa tem de agir de acordo com o estilo do signo em que ele está. Por isso os signos constituem o que eu chamo de "como", ou seja, o modo como os signos atuam. Por exemplo, Marte, o planeta da coragem, da impulsividade e do desejo, quando está em Áries, é voltado para a ação e age extremamente rápido. Em Virgem, ele é agressivamente meticuloso. Em Peixes, ele busca maneiras de fugir da realidade e precisa de amparo espiritual. Marte tem um trabalho a fazer, mas o modo como ele o executa varia de acordo com o signo em que está.

Os signos e seus estilos:

♈ **Áries** – independente, voltado para a ação

♉ **Touro** – estabilizador, com os pés no chão

♊ **Gêmeos** – comunicativo, curioso

♋ **Câncer** – sensível, carinhoso

♌ **Leão** – expressivo, criativo

♍ **Virgem** – crítico, reflexivo

♎ **Libra** – social, simpático

♏ **Escorpião** – intenso, penetrante

♐ **Sagitário** – aventureiro, positivo

♑ **Capricórnio** – estável, reservado

♒ **Aquário** – intelectual, perspicaz

♓ **Peixes** – intuitivo, criativo

Modalidades e elementos

Cada signo é categorizado pela sua modalidade e pelo seu elemento. São três as modalidades (cardinal, fixo e mutável) e quatro os elementos (Fogo, Terra, Ar e Água).

MODALIDADES

A modalidade de um signo nos diz qual é o seu trabalho. Signos cardinais iniciam novas estações. Signos fixos estabilizam a estação vigente. Sinais mutáveis deixam uma estação em preparação para outra. Por esse motivo, nenhum signo de Fogo, Terra, Ar ou Água atua de maneira exatamente igual.

OS SIGNOS CARDINAIS

♈ **Áries** inicia a ação

♋ **Câncer** inicia laços de afeto, vínculos emocionais e sentimentos

♎ **Libra** inicia relacionamentos

♑ **Capricórnio** inicia planos de longo prazo

OS SIGNOS FIXOS

♉ **Touro** explora o poder do mundo material

♌ **Leão** explora o poder da *persona*

♏ **Escorpião** explora o poder da sua intensidade emocional

♒ **Aquário** explora o poder do seu intelecto

OS SIGNOS MUTÁVEIS

♊ **Gêmeos** dissemina informações

♍ **Virgem** dissemina habilidades

♐ **Sagitário** dissemina entusiasmo

♓ **Peixes** dissemina sonhos e visões

ELEMENTOS

São quatro os elementos: Fogo, Terra, Ar e Água. Cada elemento tem o seu próprio temperamento. O elemento de um signo lhe dirá se ele age por meio da inspiração, da praticidade, da comunicação ou da emoção.

FOGO

Qualidades: Espontâneo. Entusiasmado. Inspirado. Expressivo. Intuitivo.

♈ **Áries** toma a iniciativa (cardinal) que demonstra sua coragem pessoal e sua capacidade de agir com base na sua própria inspiração (Fogo).

- ♌ **Leão** estabiliza (fixo) uma personalidade calorosa e divertida, na esperança de atrair atenção e ter sua expressão criativa (Fogo) reconhecida.

- ♐ **Sagitário** busca movimento irrestrito (mutável) e liberdade, para encontrar um significado que ilumine (Fogo) seu propósito de uma maneira exuberante e positiva.

TERRA

Qualidades: Com os pés no chão. Estabilizador. Prestativo. Generativo. Esforçado.

- ♉ **Touro** promove a segurança por meio da estabilização (fixo) de seus recursos e cultivando-os em terra fértil (Terra), o que pode propiciar muita abundância.

- ♍ **Virgem** quer ter uma diversidade (mutável) de habilidades (Terra), com as quais possa servir à vida. Ao aperfeiçoar sua arte, Virgem cria significado para si mesmo.

- ♑ **Capricórnio** inicia (cardinal) ações disciplinares para realizar grandes feitos. Por meio de sua capacidade de utilizar as ferramentas (Terra) a que tem acesso, Capricórnio desenvolve o autocontrole necessário para escalar qualquer montanha.

AR

Qualidades: Intelectual. Focado em ideias e fatos. Grande comunicador.

- ♊ **Gêmeos** dispersa (mutável) informações (Ar), conectando-se a muitas pessoas por meio de trocas intelectualmente estimulantes, que gerem novas ideias e relacionamentos.

- ♎ **Libra** inicia (cardinal) relacionamentos (Ar), em busca de equilíbrio, harmonia e justiça.

- ♒ **Aquário** articula (Ar) suas ideias bem elaboradas, de maneira confiante (fixo).

ÁGUA

Qualidades: Intuitivo. Emotivo. Impressionável. Sensível. Responsivo.

- ♋ **Câncer** inicia (cardinal) laços familiares demonstrando zelo (Água).

- ♏ **Escorpião** explora (fixo) os aspectos secretos e misteriosos (Água) da vida.

- ♓ **Peixes** se conecta com uma vasta gama de experiências sendo aberto e impressionável (mutável) com relação aos seus arredores e oferecendo compaixão (Água) a muitos.

Lares, tronos e ambientes hostis

Cada planeta tradicional tem dois signos nos quais se sente em casa, dois signos onde se sente desconfortável, um signo em que ganha reconhecimento e um signo em que se sente desrespeitado*. Em todos os outros signos, ele está em território neutro.

- **Domicílio** – Signo em que o planeta se sente em casa – aqui ele tem acesso a todos os seus recursos, pode atuar com todo o seu poder e se sente totalmente confortável.

- **Detrimento** – Signo em que o planeta se sente desconfortável – aqui ele terá que se esforçar duas vezes mais para se expressar, ultrapassando seus limites e crescendo de uma maneira que não precisaria se estivesse em seu domicílio.

- **Exaltação** – Signo em que o planeta ganha reconhecimento – aqui ele nos oferecerá dons e bênçãos com pouco esforço.

- **Queda** – Signo em que o planeta se sente desrespeitado – aqui será difícil manter a igualdade de condições, mas essa luta nos ajudará a honrar a experiência do exílio.

PLANETA	DOMICÍLIO	DETRIMENTO	EXALTAÇÃO	QUEDA
☉ SOL	Leão	Aquário	Áries	Libra
☾ LUA	Câncer	Capricórnio	Touro	Escorpião

---

* Observe que o Sol e a Lua (conhecidos coletivamente como luminares) têm apenas um signo em que se sentem em casa, um signo em que se sentem desconfortáveis, um signo em que ganham notoriedade e um signo em que se sentem desrespeitados. (N. A.)

PLANETA	DOMICÍLIO	DETRIMENTO	EXALTAÇÃO	QUEDA
☿ MERCÚRIO	Gêmeos Virgem	Sagitário Peixes	Virgem	Peixes
♀ VÊNUS	Touro Libra	Áries Escorpião	Peixes	Virgem
♂ MARTE	Áries Escorpião	Touro Libra	Capricórnio	Câncer
♃ JÚPITER	Sagitário Peixes	Gêmeos Virgem	Câncer	Capricórnio
♄ SATURNO	Capricórnio Aquário	Câncer Leão	Libra	Áries

"ONDE": AS CASAS

Casas são os lugares do nosso mapa onde os planetas estão localizados. Se os planetas são os atores ("quem") e os signos são seus estilos ou figurinos ("como"), então as casas são os cenários onde suas histórias são vividas ("onde"). Cada casa é uma seção do céu, quando o vemos da Terra, e representa uma área específica da nossa vida. Da nossa saúde mental até nossa situação financeira, nosso mapa astral cobre toda a nossa existência.

As 12 casas:

- **Casa 1** – Eu, corpo, aparência e vitalidade

- **Casa 2** – Bens, recursos, meios de subsistência e valorização pessoal

- **Casa 3** – Comunicação, vida cotidiana, irmãos e família

- **Casa 4** – Pais, lar e alicerces

- **Casa 5** – Filhos, projetos criativos, sexo e prazer

- **Casa 6** – Trabalho e saúde

- **Casa 7** – Parcerias estáveis

- **Casa 8** – Morte, saúde mental e recursos de outras pessoas

- **Casa 9** – Viagem, educação, publicações, religião, astrologia e filosofia

- **Casa 10** – Carreira e vida pública

- **Casa 11** – Amigos, comunidade, clientes e sorte

- **Casa 12** – Vida oculta, segredos, tristeza e perdas

OBSERVAÇÃO SOBRE OS SISTEMAS DE CASAS

*As doze casas do nosso mapa representam seções do céu. No entanto, não existe uma maneira empírica "correta" de se dividir o céu. Devido a isso, são muitos os sistemas de divisão de casas com que os astrólogos trabalham há milhares de anos. Eu uso as **casas dos signos inteiros**, porque é o sistema que faz mais sentido para mim, do ponto de vista filosófico, e é o que me dá os melhores resultados. O sistema de signos inteiros considera todo signo do zodíaco que contém o ascendente como a Casa 1; o signo seguinte constitui a Casa 2, e assim sucessivamente. Nesse sistema, cada casa sempre é um signo zodiacal inteiro. Mesmo que você tenha analisado o seu mapa com base num sistema de casas diferente, a estrutura das casas de signos inteiros ainda pode ser útil na análise do seu mapa. Assim como existem muitas maneiras de olhar a nossa vida, existem muitas maneiras de olhar o céu e muitas maneiras de olhar as casas do nosso mapa. Cada uma delas muda um pouco (ou muito) os planetas, numa coisa ou outra. Depois que aprender algo sobre a lógica e a filosofia de cada sistema de casas, use o que fizer mais sentido para você. No final das contas, o que importa é seu mapa e o seu entendimento dele.*

As casas do nosso mapa nos fornecem o contexto onde as coisas vão acontecer. Se o Sol, por exemplo, estiver na sua Casa 10, da carreira, você precisará se expressar (o Sol) por meio da sua vida profissional ou dos seus papéis na sociedade (a Casa 10). Se Vênus estiver na sua Casa 11, da comunidade, grande parte da sua sorte (a Casa 11) virá da sua capacidade de cultivar relacionamentos (Vênus) com as outras pessoas.

Casa 9
Viagens, educação, publicações, religião, astrologia e filosofia

Casa 10
Carreira e vida pública

Casa 11
Comunidade e sorte

Casa 8
Morte, saúde mental e recursos de outras pessoas

Casa 12
Tristezas, perdas e vida oculta

Casa 7
Parcerias estáveis

Casa 1
Eu, aparência, vitalidade e força vital

Casa 6
Trabalho e saúde

Casa 2
Bens, recursos e valorização pessoal

Casa 5
Sexo, filhos, energia criativa

Casa 3
Comunicação, rituais diários, irmãos e família

Casa 4
Pais, lar e alicerces

Qualquer casa do seu mapa que contenha um planeta será um aspecto importante da sua vida, mas as casas que abrigam o Sol, a Lua e o planeta regente do seu Ascendente são áreas decisivas no seu caso, pois revelam o que você precisa viver, experimentar e com que interagir. Digo isso porque esses planetas são fortes indicadores da sua vida e do propósito dela. Quanto mais desenvolvemos um relacionamento com esses planetas e com as casas do nosso mapa em que eles residem, mais facilmente passamos a entender e aceitar radicalmente a nós mesmos.

RELACIONAMENTOS: OS ASPECTOS

Aspectos são os relacionamentos que dois ou mais planetas ou pontos têm entre si. Assim como todos os relacionamentos, alguns são fáceis e edificantes, enquanto outros são difíceis e até desanimadores. Podemos dividir os aspectos em três categorias: dádivas, desafios e fusões.

Por exemplo, se Marte forma um aspecto desafiador com outro planeta em seu mapa, provavelmente ele criará situações que vão parecer excessivamente tempestuosas, causando irritação, raiva ou explosões, pois o temperamento acalorado (Fogo) é um atributo de Marte. Se Júpiter formar um aspecto benéfico (dádiva) com outro planeta em seu mapa, ele cria uma situação abundante, feliz e positiva, pois Júpiter é conhecido por essas qualidades.

Quando fazemos a ligação entre os aspectos do nosso mapa e nossas experiências na vida, positivas e negativas, conseguimos ter mais compaixão pelas nossas lutas diárias e aprendemos a combater nossas crenças ou nossos comportamentos que promovem a autossabotagem. É aí que a astrologia ajuda você a encontrar o caminho da autorrealização e da autoaceitação radical.

As dádivas

Existem dois tipos de aspectos (relacionamentos) que se enquadram na categoria "dádivas": os sextis e os trígonos. Tanto os sextis quanto os trígonos são aspectos que conferem dádivas, bênçãos e proteções a qualquer planeta que eles conectarem. Esses aspectos agem como uma fada madrinha ou tia favorita que sempre nos dá amor, incentivo e um pouco de dinheiro quando já está na porta, pronta para ir embora.

- **Sextil** – planetas que estão a dois signos de distância um do outro, um no signo de Terra e outro no signo de Água, ou um no signo de Ar e outro no signo de Fogo (*signos que estão a 60 graus um do outro*).

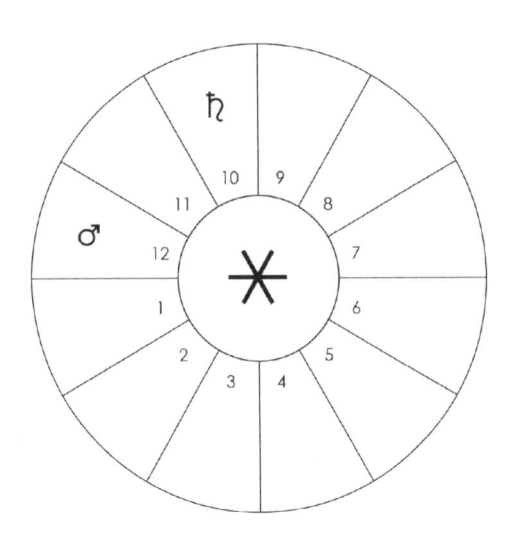

Planetas em casas que estão a 60 graus de distância uma da outra formam um sextil.

- **Trígono** – planetas que estão a quatro signos de distância um do outro e no mesmo elemento, por exemplo, dois ou mais planetas em diferentes signos de Fogo (*signos que estão a 120 graus de distância*).

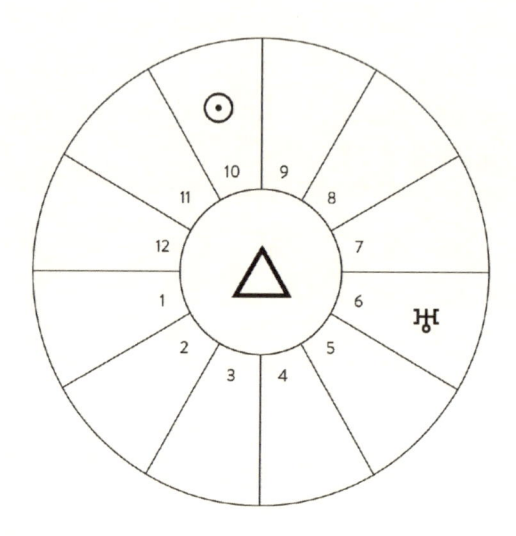

Planetas em casas a um ângulo de 120 graus uma da outra formam um trígono.

Os sextis são aspectos mais sutis do que os trígonos, mas ambos são positivos e podem nos ajudar em tempos de turbulência e dificuldades, como fazer um amigo aparecer quando você está numa situação difícil, precisa de conselhos ou se sente um pouco perdido. Os sextis formados por Vênus são os mais fortes que pode haver (o sextil é o aspecto característico de Vênus), e os trígonos formados por Júpiter são os mais fortes que pode haver (o trígono é o aspecto característico de Júpiter).

Os desafios

Existem dois tipos de aspectos que se enquadram na categoria "desafios": quadraturas e oposições. Ambos são desafiadores à sua maneira e exigem de nós um esforço extra. As quadraturas são pontos de atrito que nos incentivam a empreender algum tipo de ação, mas às vezes esse atrito só parece provocar tensao. As oposições atuam como um cabo de guerra, em que somos solicitados a equilibrar opostos, integrar polaridades e chegar a uma compreensão mais profunda do que projetamos no mundo e o que devemos ser capazes de recobrar por nós mesmos.

Existem, porém, exceções a essas regras. Quadraturas e oposições formadas por Vênus e por Júpiter não são "ruins", pois esses planetas não podem causar danos; eles podem, porém, intensificar algo específico da sua natureza.

- **Quadraturas** – planetas que estão a três signos de distância um do outro; por exemplo, um planeta em Touro e outro em Leão (*signos que estão a 90 graus de distância*).

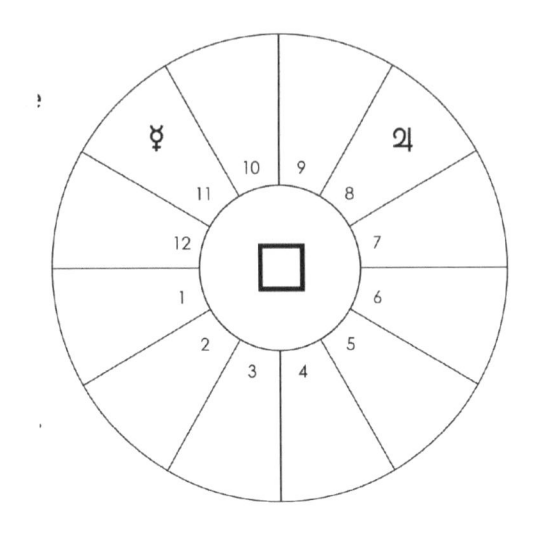

Planetas em casas a um ângulo de 90 graus uma da outra formam uma quadratura.

- **Oposição** – planetas que estão a seis signos de distância um do outro (em signos opostos); isto é, um planeta em Sagitário e o outro em Gêmeos (*180 graus de distância*) por exemplo.

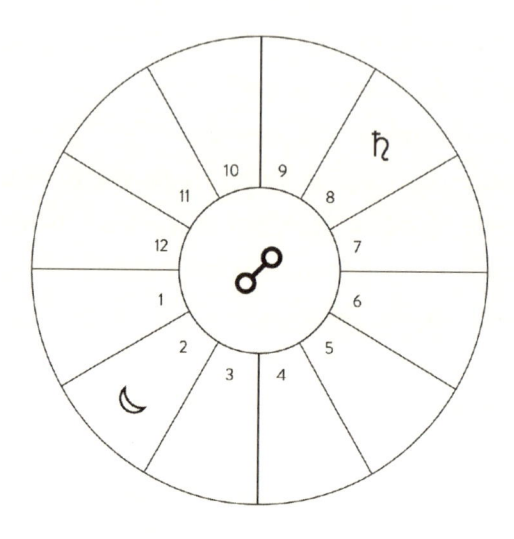

Planetas em casas num ângulo de 180 graus uma da outra formam uma oposição.

A quadratura de Marte é considerada a mais difícil de todas (a quadratura é o aspecto característico de Marte), e a oposição de Saturno é considerada a oposição mais desafiadora de todas (a oposição é o aspecto de Saturno). Lembre-se de que, embora as quadraturas e oposições sejam desafiadoras e criem obstáculos, nossa capacidade de superá-las nos ajuda a crescer e avançar em direção ao nosso propósito. Sem os desafios, talvez nunca precisássemos colocar nossos talentos em prática.

As fusões

As conjunções (ou fusões) ocorrem quando dois planetas estão no mesmo signo. As conjunções são uma fusão ou mescla de energias. Quanto mais próximos os planetas estiverem um do outro, maior será o impacto desse aspecto. Conjunções de Vênus e Júpiter serão úteis para facilitar sua conexão com as outras pessoas (Vênus) e atrair abundância (Júpiter) para a sua vida. Conjunções de Marte e Saturno serão desafiadoras, exigindo que cultivemos uma disciplina rigorosa (Saturno), necessária para alcançarmos nossos objetivos, ou que encontremos maneiras de canalizar nossa raiva, convertendo-a em atitudes apropriadas e benéficas (Marte). As conjunções dos outros planetas e com esses dois precisam ser considerada individualmente (o que faremos nos capítulos posteriores deste livro).

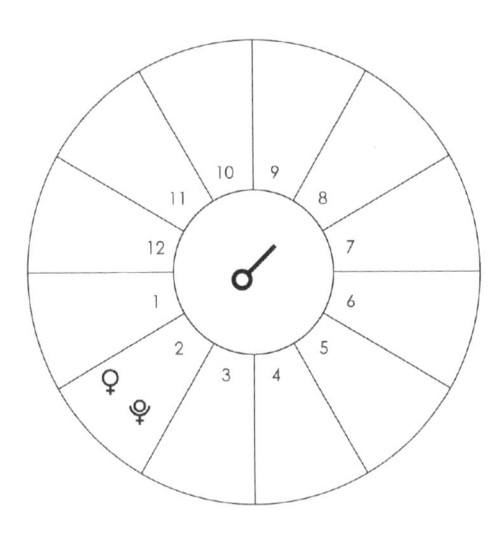

Planetas na mesma casa formam uma conjunção.

JUNTANDO TUDO: AS REGRAS

Até que as regras se tornem nossa segunda natureza, é sempre bom recapitulá-las. Linguagens arquetípicas como a astrologia podem, muito facilmente, tornar-se uma mixórdia de correlações que embaralham o significado do que estamos analisando. Por isso, aí vai um lembrete:

- Os planetas são os personagens do nosso mapa.

- Os signos indicam o estilo e os talentos e propensões dos planetas em nosso mapa.

- As casas revelam onde os planetas estão encenando seus dramas e contando suas histórias.

- Os aspectos revelam quais planetas estão desafiando você, quais estão lhe oferecendo dádivas e quais atuam como uma unidade (de maneira harmoniosa ou não).

- Cada planeta está num signo e numa casa.

- Todo mundo tem todos os planetas, signos e casas em seu mapa. No entanto, você pode não ter todos os tipos de aspecto no seu mapa e alguns dos seus planetas podem não formar nenhum aspecto com outro planeta.

Capítulo 3

A PRIMEIRA CHAVE

O SEU SOL

O propósito da sua vida

Todas as manhãs, o Sol nasce triunfante no horizonte leste. Depois de uma longa noite percorrendo o mundo subterrâneo, o Sol, ao nascer, nos convida a refletir seus movimentos. A demonstrar a nossa gratidão. A realizar nossos rituais. A oferecer nossos préstimos. A vida humana começa na escuridão do útero, mas, depois que deixa seu lugar de concepção e incubação, depende de uma fonte confiável de luz e calor. No seu mapa, o Sol é a sua força vital. É por isso que ele representa o propósito da sua vida e talvez seja por isso também que a astrologia popular coloca tanta ênfase no signo em que ele está.

A astrologia é uma tradição de sabedoria cultivada com base na observação do mundo natural, e é possível ver que os elementos da natureza têm correlação com os planetas em nosso mapa. O calor e a luz do Sol são os recursos de que toda vida depende para crescer. Ele brilha, é radiante e luminoso. Todas as coisas que contêm esses elementos são associadas ao Sol. O ouro é seu metal e dourada, sua cor. O coração, o ponto central do nosso corpo físico, é o órgão que ele rege. À medida que observamos que outros elementos da natureza florescem com o Sol ou se comportam como esse astro, começamos a desenvolver um relacionamento mais profundo com esse sistema de conhecimento. A astrologia não está em algum lugar, lá fora; ela está ao nosso redor e dentro de nós.

Quando o Sol está bem posicionado no nosso mapa, ele traz consigo uma autoconfiança ilimitada, regeneradora, generosa, corajosa, magnânima e gloriosa. Quando ele não está bem posicionado, precisa fazer um certo esforço para se manifestar. Assim como num dia de tempestade, as nuvens e intempéries da nossa configuração astrológica podem obscurecer a luz e o calor do propósito da nossa alma.

No meu caso, o fato de eu ter um aspecto difícil entre o Sol e Saturno significa que a depressão geralmente toma conta de mim quando me deixam sozinha. Se não trabalhar conscientemente contra esse aspecto, eu tendo a cair facilmente em desespero e me entregar à frustração. Minha esposa, por outro lado, que, além de ter um aspecto muito útil de Júpiter (planeta do otimismo), não possui aspectos difíceis entre o Sol e os planetas tradicionais que causam danos (Saturno e Marte), é e sempre foi propensa a encontrar soluções e se manter proativa e positiva. Sou eternamente grata pelo apoio que seu mapa e seu coração dão às nossas vidas e recomendo que você encontre pessoas que o equilibrem do ponto de vista emocional, psicológico e astrológico.

O seu Sol tem três características principais que você deve levar em consideração ao buscar o propósito da sua vida:

1. O signo em que ele está (o modo como você brilha)

2. A casa em que ele se encontra (a área da vida em que você precisa brilhar)

3. Os planetas em aspecto com o seu Sol (que estão influenciando sua capacidade de brilhar)

PRIMEIROS PASSOS COM SEU MAPA

COMO ENCONTRAR O SEU SOL

Procure o símbolo ⊙ no seu mapa.
Esse é o seu Sol.

Em que signo o seu Sol está?
O meu Sol está no signo de _____,

Em que casa o seu Sol está?
O meu Sol está na Casa _____, que representa _____,

ASPECTOS DO SEU SOL

Quando calcular o seu mapa, você vai poder ver quais planetas estão em aspecto com o seu Sol. Lembre-se, você pode não ter nenhum planeta em aspecto com o seu Sol. Por enquanto, não se preocupe em saber o que significa cada um desses aspectos. Apenas os observe, pois em breve analisaremos o significado de cada um deles em detalhes. Preencha os espaços em branco abaixo que se apliquem a você.

Os planetas no mesmo signo que o meu Sol são _____,

Os planetas que formam um trígono com o meu Sol (a quatro signos/a uma distância de 120 graus) são _____,

Os planetas que formam um sextil com o meu Sol (dois signos/a uma distância de 60 graus) são _____,

Os planetas que formam uma quadratura com o meu Sol (três signos/a uma distância de 90 graus) são _____,

Os planetas que estão em oposição ao meu Sol são _____,

Pontos-chave sobre o seu Sol para você lembrar

- Seu Sol é a sua força vital, sua identidade e o propósito da sua vida.

- O signo em que o Sol se encontra revela o seu estilo ao brilhar.

- A casa em que o Sol está revela onde você vai brilhar na vida.

- Os planetas que formam aspecto com o seu Sol apoiam ou desafiam a maneira pela qual você brilha e vive o propósito da sua vida.

O SIGNO DO SEU SOL
COMO VOCÊ BRILHA?

Em que signo está o seu Sol?

O signo solar revela o estilo pelo qual vivemos o propósito da nossa vida. Como o Sol é o nosso eu essencial, o signo em que ele está revela as maneiras pelas quais nos sentimos à vontade para brilhar. Nem todo signo gosta de atenção, elogios ou aplausos. Isso gera em alguns signos solares uma contradição que precisa ser trabalhada, pois o Sol, por si só, é carismático, adora ser o centro das atenções e não tem nenhuma vergonha disso. Por exemplo, se o seu Sol está em Aquário, ele vai brilhar oferecendo ao seu grupo um sistema, uma estrutura ou uma maneira de entender o mundo que é lógica e bem elaborada. Em Libra, o Sol brilhará por meio da sua capacidade de se relacionar com as outras pessoas, enquanto, em Leão, o

Sol só se preocupa em brilhar tão intensamente quanto possível, com o único objetivo de compartilhar seu brilho com o mundo.

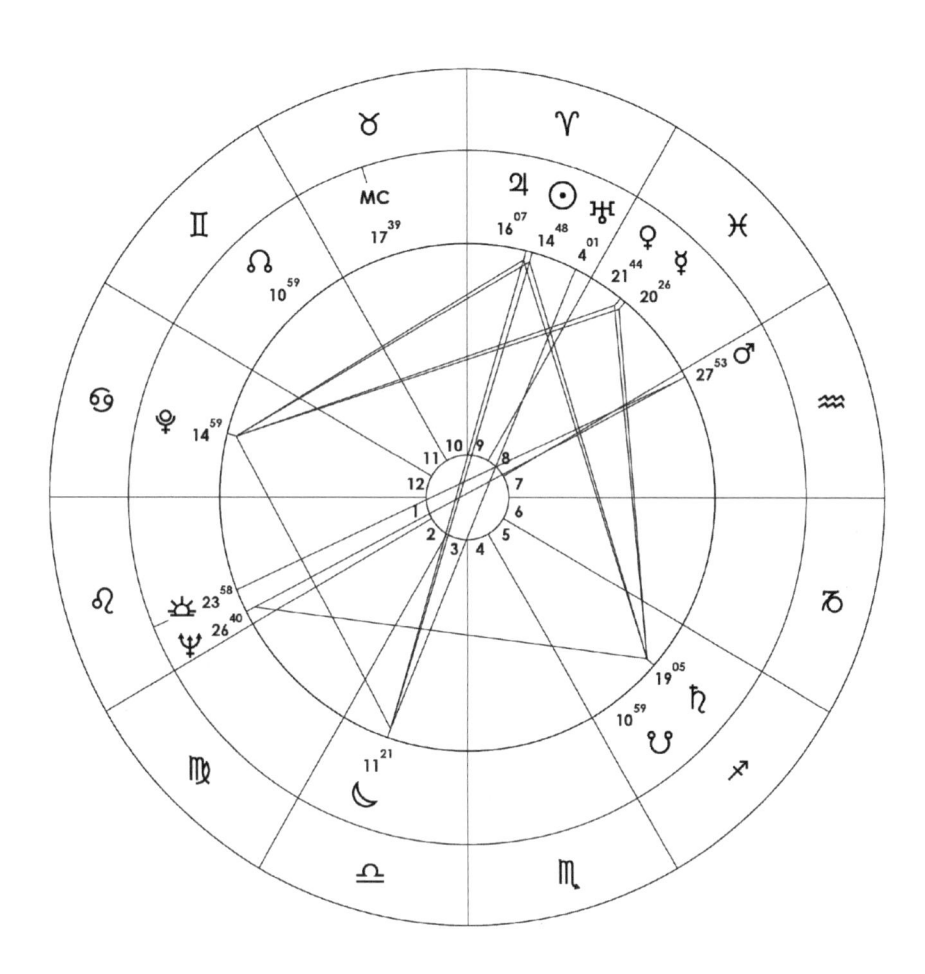

MAPA ASTRAL DA DRA. MAYA ANGELOU

Data e horário de nascimento: 4 de abril de 1928, às 14h10
Local: St. Louis, Missouri, EUA

A dra. Maya Angelou tinha o Sol em Áries. Esse signo solar brilha expressando sua individualidade e prospera quando empreende ações que transgridam os limites que a cultura considera apropriados. Maya foi uma das primeiras pessoas negras a dirigir um bonde em São Francisco, e ela fez isso quando tinha apenas 16 anos. Ela a princípio não conseguiu o emprego, mas a mãe a incentivou a insistir todos os dias que eles a contratassem. "Eu me sentava ali (naquele escritório) todos os dias e fiz isso por duas semanas. E, então, depois de quinze dias, um homem saiu da sua sala e disse 'venha cá'. Ele me perguntou 'por que você quer tanto esse emprego?'. Eu respondi 'Gosto dos uniformes'. E completei: 'e gosto de pessoas'. E foi assim que consegui o emprego."* Essa não seria a única vez que ela desafiaria os limites que o patriarcado da supremacia branca americana lhe impunha. Longe disso. Maya passou a vida fazendo o que os outros insistiam em dizer que era impossível. Essa foi apenas uma das muitas vezes que ela fez isso.

Agora é hora de escolher sua própria aventura. Avance até a seção sobre o seu signo solar.

SOL EM ÁRIES
♈ ☉

Em Áries, um signo cardinal do elemento Fogo, o Sol está "exaltado". Forte. Energizado. Independente. No Hemisfério Norte, a entrada do Sol em Áries também é o equinócio vernal, o início da primavera. A partir desse momento, o calor e a luz do Sol crescem em intensidade. Essa intensidade também está presente naqueles

---

* "Maya Angelou foi a primeira condutora de bondes negra de São Francisco", WYNC, 28 de maio de 2014. (N. A.)

com Sol em Áries. O Sol em "exaltação" significa que o Sol se expressa com confiança em Áries. Mesmo que o seu Sol esteja exaltado, isso não garante que você tenha fama e uma vida fácil, mas indica que você tem uma reserva de energia que poderá usar quando precisar.

Regido por Marte, Áries é um signo que quer demonstrar sua capacidade de lutar. Se o seu Sol estiver em Áries, você precisa enfrentar de frente o que é mais importante para você na vida. Como um signo cardinal e do elemento Fogo, Áries inicia, age e oferece calor a qualquer planeta que esteja dentro dos seus domínios.

O animal que simboliza Áries é o carneiro. Os carneiros representam a renovação, em parte porque, quando tosquiado, a lã volta a crescer. Isso dá a Áries um caráter meio irrefreável. Ele não recua diante de nenhum obstáculo. Ele precisa de um pouco de estresse para achar as coisas mais interessantes.

Se você tem o Sol em Áries, é bem provável que se sinta motivado a provar seu valor por meio de atos de coragem, bravura e determinação. Mas esse impulso pode facilmente se tornar egoísta se a ênfase estiver em provar que você está certo. Nem toda interação é um duelo, mas, para o seu Sol em Áries, às vezes o conflito é tentador demais para ser ignorado. Quando distorcido, seu Sol em Áries tende a ser insistente, enérgico, agressivo, arrogante e explosivo. Se você tiver Sol nesse signo, sempre poderá se beneficiar do tipo de autorreflexão que pode levá-lo a uma reação mais ponderada.

Afirmações

- Valorizo minha energia e seu poder trabalhando no que faz com que eu me sinta mais livre.

- Não estou sozinho. Quando preciso de ajuda, eu me lembro de entrar em contato com meus amigos, professores, anciãos, sistemas de apoio e forças superiores.

Perguntas para reflexão

- Que tipo de atividade o deixa mais energizado?

- Quais são as batalhas que você acha mais importante travar?

- Como a sua capacidade de interagir com bravura neste mundo liga você ao propósito da sua vida? Lembre-se de que você não tem que entender exatamente como isso está ocorrendo na sua vida neste momento, mas existe em você um desejo significativo de que isso aconteça?

SOL EM TOURO
♉ ☉

O Sol em Touro, um signo fixo do elemento Terra, brilha quando se estabiliza, se sente estável e desenvolve essa estabilidade com os recursos que possui. Touro aproveita a energia bruta, impetuosa e exuberante da vida e se utiliza dela. Molda-a, transformando-a numa obra-prima. Esse signo cultiva os campos do seu potencial com sua capacidade fantástica de manifestação.

A magia de Touro pode demorar um pouco para fazer efeito, mas tem uma força que resulta da sua obstinação. Ninguém consegue empurrar, forçar ou apressar Touro. A natureza não se apressa e pode-se dizer o mesmo desse signo.

Os chifres do touro, o animal que simboliza esse signo, representam a fertilidade. Em parte por causa da domesticação e do uso do gado na agricultura, os chifres desse animal magnífico são muitas vezes associados à lua crescente, o símbolo da deusa, criadora e doadora de vida. Em geral, os chifres são associados às tubas uterinas, mas, além da anatomia, a energia de Touro tem um cunho generativo. Regido por Vênus, a Deusa do amor e da conexão, Touro tem uma fertilidade natural.

Como um signo fixo de Terra, Touro é o centro. Reunindo em torno dele todos que precisam de algo, você que tem o Sol em Touro provavelmente se sente cheio de energia quando é generoso, prestativo e descontraído.

Ninguém sabe relaxar como um taurino.

Apreciador de todas as coisas saborosas, confortáveis, luxuosas e sensualmente agradáveis, o Sol em Touro sabe como aproveitar o reino físico. Ele está aqui para construir e desfrutar plenamente de uma vida de prazer e produtividade.

Quando distorcida, essa energia pode se tornar controladora, possessiva, obstinada e obcecada por estabilidade. O Sol em Touro pode usar a certeza como um mecanismo de defesa e demonstrar inflexibilidade, autoritarismo e disposição para armar uma guerra. Como estabilizar é a missão do seu Sol, correr riscos, mudar de rumo ou deixar algo pela metade pode parecer um desvio muito grande no seu ritmo geralmente constante. Você pode, portanto, ficar preso a hábitos, rotinas e ideias preconcebidas sobre a vida. O Sol em Touro será desafiado a aprender a equilibrar seu desejo por constância com a necessidade de correr os riscos necessários para promover seu crescimento pessoal.

👁 *Afirmações*

- Eu posso mudar de ideia.

- Sou tão digno de amor e apoio quanto aqueles a quem ofereço meu amor e meu apoio.

📝 *Perguntas para reflexão*

- Em que aspecto da sua vida você acha que é bom em construir, estabilizar e criar?

- Em que aspecto da sua vida você tende a ser inflexível?

- Como a sua capacidade de construir algo sólido ou monumental liga você ao propósito da sua vida? Se você não sente que tenha desenvolvido a capacidade de fazer isso ainda, pelo menos lhe parece que isso lhe daria satisfação e alegria?

SOL EM GÊMEOS
♊ ☉

Em Gêmeos, um signo mutável do elemento Ar, que dissemina informações e divulga seu conhecimento por meio da troca intelectual, nunca falta ao Sol algo digno de nota com o qual ele possa contribuir.

Os signos mutáveis são naturalmente ecléticos em seus interesses, e Gêmeos, um signo do Ar regido por Mercúrio, o Mensageiro, é exatamente assim do ponto de vista intelectual. Um questionador incansável, o Sol em Gêmeos provavelmente está sempre em busca de tópicos interessantes para mencionar nas conversas. Contradições, dualidades e paradoxos são estados naturais do Sol em Gêmeos. Você precisa ver todos os lados de uma teoria, uma situação ou um fato. Sem ser muito leal a nenhuma ideia, Gêmeos procura se cercar do maior número possível de pensamentos para ter uma compreensão melhor sobre um assunto.

O símbolo desse signo são dois irmãos gêmeos, o que destaca a sua natureza dual e a necessidade de mudança. Como ventos soprando em diferentes direções, pode parecer que você está em todos os lugares e em lugar nenhum ao mesmo tempo. Seu Sol sempre precisará se mover de maneiras que pareçam desafiar as leis da gravidade, do tempo e do espaço. Para dentro e para fora, reflexivo e responsivo, introvertido e extrovertido, Gêmeos é cheio de contradições.

Assim como seu regente, Mercúrio, é associado ao arquétipo do mago, Gêmeos é um signo que assume muitas formas. Se você é habilidoso em mostrar o seu eu social, seu gêmeo interior pode se revelar apenas àqueles em quem você realmente confia, e vice-versa. Ter o Sol em Gêmeos pode significar que você se torna tão hábil em mudar de forma que perde contato com quem realmente é.

Quando distorcido, seu Sol em Gêmeos pode se tornar inconsistente, distraído, fofoqueiro e simplório. Os signos de Ar sem controle espalham boatos num ritmo maior do que qualquer outro signo. Gêmeos precisa sempre equilibrar seu desejo por um fluxo constante de informações com discrição e integridade. Quando se sente muito longe da sua base, você pode precisar de tempo para se aterrar, se centrar e se situar nos relacionamentos com pessoas que não se sentem encantadas, iludidas ou fascinadas com o seu talento para contar histórias fantásticas.

👁 *Afirmações*

- Não tenho nem preciso de todas as respostas para chegar onde quero.

- Tenho fé de que as informações de que preciso vão chegar até mim quando eu precisar.

📝 *Perguntas para reflexão*

- Que tipo de informação você sente muita alegria em compartilhar?

- Em que aspecto da sua vida você é professor? Em que aspecto da sua vida você é um aprendiz?

- Em que aspecto da sua vida a troca de ideias faz parte do propósito da sua vida?

SOL EM CÂNCER
♋ ☉

Em Câncer, um signo cardinal do elemento Água, que nos inicia no reino dos sentimentos, o Sol é uma força emocional de poder despretensioso. Fiel à sua mascote, o caranguejo, Câncer se afasta das coisas saindo pela tangente e se distanciando do confronto. Tão suscetível a altos e baixos quanto às marés em que ele flutua, o caranguejo acuado pode reagir com rispidez, tentando morder o que vê pela frente e se segurar na primeira coisa que encontrar.

Seu Sol em Câncer guarda todas as lembranças. Câncer são as águas primordiais da criação, o ventre da humanidade, que carrega em si toda a história humana e todos os sentimentos que ela nos despertou. Se você tem o Sol em Câncer, você é uma pessoa profunda. Câncer é conhecido por ser o signo mais carinhoso e estimulante do zodíaco. Se você ama alguém, essa pessoa não terá dúvida disso.

Seu Sol brilha ao formar laços emocionais com as outras pessoas. Os signos de Água são reflexivos. Regido pela Lua, o trabalho de Câncer é espelhar a luz dos outros signos. Como pai, mãe, tutor ou tutora, você é sempre sensível ao que seus filhos ou protegidos precisam ouvir, saber ou receber para se sentirem apoiados. Seu Sol em Câncer quer criar espaços onde um vínculo possa acontecer. Sem medo de experiências emocionais intensas, seu Sol nesse signo de Água pode precisar que você se purifique do impacto causado pelos detritos emocionais que absorve sem intenção. Ressentimentos antigos envenenam suas águas. Uma purificação terapêutica regular ajuda você a se sentir mais vivo e cheio de energia.

O Sol em Câncer é excepcionalmente bom em intuir e satisfazer as necessidades das outras pessoas. Um cuidador natural, seu Sol em Câncer pode aparentar uma leve indiferença, mas se lembrará do restaurante, do filme ou do professor favorito dos seus entes queridos.

Câncer é tão mutável quanto a Lua que o rege. Quando distorcido, o Sol em Câncer pode se tornar uma personalidade conhecida pelo seu temperamento melancólico e taciturno. Morbidamente defensivo e apegado ao passado, o Sol em Câncer pode oscilar facilmente entre o vitimismo e a irritabilidade quando oferece muito de si mesmo e recebe pouco em troca.

Como o caranguejo, você pode desenvolver uma carapaça muito dura, que é uma boa defesa para suas partes sensíveis, mas que pode levá-lo ao isolamento. Com o Sol nesse signo, você precisará encontrar maneiras de respeitar a força da sua vulnerabilidade ao mesmo tempo em que desenvolve limites saudáveis e necessários para conviver com outros seres humanos confusos, amorosos e mutáveis.

👁 *Afirmações*

- Cuidado e atenção são a minha maior moeda de troca.
- Sentimentos não são fatos, mas carregam consigo uma semente da verdade que me dedico a descobrir.

📝 *Perguntas para reflexão*

- Onde você acha que seu poder emocional é mais valorizado e bem aplicado?
- Quem você deixa que cuide de você?
- Desenvolver laços afetivos ou ajudar os outros a aceitar as próprias emoções é algo que liga você ao propósito da sua vida? Se a resposta é não, você é conhecido como uma pessoa que está em sintonia com o reino dos sentimentos e essa é uma parte central da sua identidade? Como isso influencia as pessoas à sua volta?

SOL EM LEÃO
♌ ☉

No Hemisfério Norte, onde esse sistema astrológico se originou, o Sol é mais forte no final de julho e em agosto. Por isso foi atribuído a ele o domínio sobre o signo em que ele produzia mais calor. O Sol rege Leão. Essa é a casa dele, seu trono, seu lugar de majestade.

O Sol em Leão tem acesso a todos os recursos desse astro, todos os seus talentos e toda a sua glória. Ter o Sol em Leão significa que você está destinado a brilhar. Confiança, dignidade e bom coração são alguns dos atributos positivos do Sol nesse sinal fixo do elemento Fogo. Nesse signo o Sol brilha inclemente. Exaltando-se de modo glorioso, generoso e explícito como o principal doador de luz e calor, seu Sol em Leão precisa celebrar e ser celebrado.

Com seu estilo régio, o Sol em Leão precisa comandar alguma coisa. Embora nem todos que nascem quando o Sol está passando por Leão tenham o desejo de liderar, sua maior missão na vida será, pelo menos, encontrar uma maneira de irradiar sua força vital e ser aplaudido por isso.

Um Leão que não se sinta amado pode ser uma criatura perigosa.

Os seres humanos são atraídos pela luz, e Leão sabe disso e usa essa informação em benefício próprio. Leão é o artista arquetípico, o palhaço que rouba nosso coração com sua alegria e seu carisma. Paixão, amor, drama, diversão, nobreza, coragem, romance e exibicionismo são, todas elas, características do Sol em Leão.

Quando esse posicionamento é distorcido, ele pode se tornar egomaníaco, dominador e obcecado por si mesmo. Sem o palco certo, seu Sol pode se tornar uma criatura amarga, sem graça e de coração partido, cuja natureza espirituosa é ofuscada pela mania de achar que tem o direito de receber tudo o que quer. Seu Sol em Leão precisa encontrar maneiras mais adequadas de mostrar seu carisma e seu charme, antes que essa presunção possa criar raízes mais profundas. Somente se usar sua personalidade como veículo para fazer o trabalho que lhe cabe no mundo o seu Sol em Leão poderá levá-lo a uma grande realização.

👁 *Afirmações*

- Eu me dou o direito de adorar os aplausos que recebo.

- Honro minha energia encontrando maneiras de expressá-la com alegria no palcos em que ela é mais apreciada.

📝 *Perguntas para reflexão*

- Em que área da sua vida você se sente aplaudido, apreciado e reconhecido pelos seus talentos?

- Você se repreende por precisar dos aplausos e dos elogios dos outros? Se a resposta é sim, por quê?

- Você sente que a sua autoexpressão, a sua energia criativa e a sua capacidade de brilhar estão vinculados ao propósito da sua vida? Você ainda pode não ter descoberto a maneira específica pela qual você brilha, mas a ideia de utilizar sua energia criativa no mundo parece algo importante e decisivo para que possa cumprir o propósito da sua vida?

SOL EM VIRGEM
♍ ☉

Em Virgem, um signo mutável do elemento Terra, que está sempre assimilando o conhecimento que recebe, o Sol brilha por meio de uma personalidade que se orgulha de nunca estar satisfeita em ser apenas "boa o suficiente".

Você provavelmente se sente revigorado quando dedica seu tempo, sua energia e seus esforços desenvolvendo e aperfeiçoando as habilidades que deseja aplicar ao trabalho da sua vida. Nunca descansando sobre os louros, o Sol em Virgem está sempre ocupado apurando algum aspecto do que oferece ao mundo.

Sério por natureza, o Sol em Virgem tem um trabalho a fazer e não pode deixar que nada o distraia. Vários fatores astrológicos podem afetar essa característica, mas, em geral, você sempre se sentirá muito à vontade trabalhando com eficiência em algo significativo para você. Os signos da Terra brilham ao fazer coisas que têm um resultado tangível e um uso prático. Pelo menos sua ansiedade diminui quando estão absortos num trabalho que possa render bons resultados.

A natureza exigente de Virgem está sempre em sintonia com o seu crítico interior. O Sol em Virgem pode aprender a dissuadir seus demônios interiores do perfeccionismo se você voltar a atenção para a tarefa de servir algo que lhe seja sagrado. Ser regido por Mercúrio significa que sua mente está sempre passando de um tópico para o outro e, no caso de Virgem, isso pode se transformar na mania de só buscar uma falha atrás da outra.

Nem todo mundo com o Sol em Virgem é introvertido, mas esse signo costuma concentrar sua atenção em suas próprias reservas energéticas. Compreender as reservas a que você tem acesso, as reservas que precisam ser compartilhadas com moderação e as reservas que podem ser reabastecidas instantaneamente é o trabalho de Virgem. O nervosismo do Sol em Virgem muitas vezes é combatido com a sua mania de limpeza.

Esses rituais diários ou mundanos podem se tornar, para você, pequenos rituais de passagem. Colocar as coisas em ordem é algo que favorece o seu fluxo de energia mental, física e emocional.

O símbolo de Virgem é uma virgem, o arquétipo daqueles que pertencem a si mesmos. Virgem é a sacerdotisa, e nesse signo o Sol tem talento para entender os caminhos da cura natural. Como Virgem é perito em entender sistemas, aqui o Sol precisa que você aplique a sua energia no que esclarece, especifica e identifica problemas e a sua solução.

Se o Sol em Virgem está distorcido, você pode despender toda a sua energia sendo excessivamente crítico, dando atenção demais aos menores detalhes e se dedicando de corpo e alma à tarefa de combater a falta de precisão. Virgem pode fazer tempestade em copo d'água, perder um amor por não conseguir se entregar e deixar de aproveitar os bons momentos da vida pensando em como ela deveria ser. O Sol em Virgem precisa que você encontre todas as maneiras possíveis de canalizar sua energia, suas habilidades e seu esforço ajudando a si mesmo a reafirmar seu valor sendo útil de alguma forma.

Afirmações

- Eu me perdoo. Eu me amo por ser humano.
- A coisa mais perfeita que posso alcançar é minha devoção pelo meu processo.

Perguntas para reflexão

- Como seu crítico interior o impede de tomar atitudes, ser criativo, cultivar relacionamentos ou estar presente em sua vida?
- Em que você sente o impulso de ser perfeito? Quando isso o beneficia? Quando isso inviabiliza sua capacidade de concluir um projeto?

- Você sente que sua capacidade de ser preciso e rigoroso está vinculado ao propósito da sua vida? Em que área da sua vida o seu discernimento lhe beneficia mais? Em que aspecto da sua vida sua capacidade de entender sistemas de cura o ajuda a entender a sua vocação?

SOL EM LIBRA

♎ ☉

Em Libra, um signo cardinal do elemento Ar, que dá início a relacionamentos, o Sol tem de se esforçar para encontrar um equilíbrio entre o eu e o outro. Entre formas e sons. Entre texturas e tons. O Sol em Libra é o artista adorável. O narrador. O pacificador. O solucionador de problemas pessoais. O diplomata. O ativista. Por ser um signo cardinal regido por Vênus, Libra está neste mundo para iniciar relacionamentos e parcerias estéticas.

O Sol em Libra brilha sendo justo, comedido e disposto a encontrar um meio-termo, sempre observando como a outra pessoa está se sentindo, do que ela precisa ou quando está deixando transparecer até a mais leve contrariedade. Você brilha quando está se relacionando, demonstrando sua boa vontade e tornando a vida mais fácil para as outras pessoas, em tempos de dificuldade. Seu Sol em Libra ajuda a aliviar qualquer desconforto, procurando corrigir desequilíbrios quase que instintivamente.

Em Libra, o Sol está em queda, o que significa que está no lugar oposto ao que ele é aplaudido e notado pela sua coragem, força e bravura (Áries). Ter o Sol em Libra significa que você está aqui para demonstrar que é diplomata, justo, ponderado e aberto a todos os lados da história, mas a dependência que Libra tem de receber o afeto das outras pessoas vai contra o trabalho que o seu Sol se propôs a fazer. O Sol precisa se expressar, independentemente das consequências.

Quando o Sol está num signo que se preocupa demais com o modo como as outras pessoas se sentem, com o que podem pensar de você ou como você poderia cultivar boas relações com elas, sua ousadia de ser você mesmo, brilhando do jeito que acha melhor (a função do Sol), pode encontrar obstáculos.

Seu Sol em Libra será capaz de sentir toda e qualquer injustiça, até a mais sutil, o que às vezes faz com que suas próprias necessidades não sejam atendidas. Para fazer com que a situação pareça um pouco mais justa, você muitas vezes sai prejudicado.

Seu Sol em Libra faz de você uma pessoa relacionável porque essa é, em muitos sentidos, a sua tarefa neste mundo. Você atrai as outras pessoas graças à sua natureza descontraída, o que a maioria acha tranquilizadora, às vezes encantadora. Quando distorcido, o Sol em Libra pode ser indeciso, vaidoso, sempre ansioso para agradar e pouco transparente, por receio de ter que lidar com a frustração alheia.

O Sol em Libra oferece as dádivas incríveis do equilíbrio, da harmonia e da justiça, mas você precisa aprender que não há problema nenhum em priorizar as suas próprias necessidades em sua própria vida.

👁 Afirmações

- A discórdia é uma parte importante do crescimento.
- Só posso, de fato, agradar a mim mesmo, por isso esse é o meu ponto de partida.

Perguntas para reflexão

- Em que área da sua vida você permite que exista discórdia, desequilíbrio e desarmonia?

- Com que força você se conecta quando se sente esteticamente autêntico?

- Você sente que sua capacidade de criar beleza, iniciar relacionamentos e manter a harmonia está vinculada ao propósito da sua vida? Em que área da sua vida você acha que o cultivo de relacionamentos pode ser uma ponte para você viver o propósito da sua vida?

SOL EM ESCORPIÃO
♏ ☉

O Sol, nesse signo fixo do elemento Água, brilha com um fascínio misterioso e fugidio. Águas paradas (signo fixo) não fluem livremente, mas têm profundidade. Abrigam segredos, como correntes subterrâneas, e mantêm sua própria energia para si mesmas, assim como uma boa mão no pôquer. Você nunca poderá enganar esse signo. Muito provavelmente ele descobre seus motivos antes de você.

Regido por Marte, Escorpião transpassa as defesas psicológicas que encobrem a verdade. O Sol em Escorpião brilha por meio de uma personalidade que permeiam os reinos emocional, psicológico e psíquico. Ele quer saber o segredo por trás do segredo. Como um *iceberg*, seu Sol em Escorpião tem uma imobilidade característica. Sua profundidade não pode ser totalmente apreciada à primeira vista. O Sol em Escorpião sempre estará mais confortável escondendo algum aspecto do seu poder, até que alguém dê de cara com ele. Como conserva os registros emocionais de uma vida toda, se as águas geladas de Escorpião derretessem de uma só vez, suas marés crescentes poderiam encobrir a todos nós.

A natureza fixa deste signo significa que, se você tiver o Sol em Escorpião, tenderá a desenvolver uma personalidade que não se deixa influenciar com facilidade. Seu poder está na sua capacidade de focar sua energia. Você pode não estar vencendo no momento, mas está participando do mais longo jogo conhecido pela humanidade. Seu Sol em Escorpião não vai ser impulsivo, ele vai estar muito mais preocupado em ser estratégico. Esse tipo de força e foco oferece uma resiliência que muitas vezes intimida os outros. Raramente Escorpião se refreia diante do sangrento, do difícil ou do desastroso. Seu Sol em Escorpião sabe que estar conectado a toda a experiência da vida, inclusive a morte, é algo regenerador, poderoso e em total sintonia com o maior motivo de estarmos neste mundo.

O símbolo de Escorpião é o animal de mesmo nome. Escorpiões aguardam sua presa se aproximar. Eles não caçam. Não perseguem todas as opções. Não perdem tempo com nada de que não tenham certeza. Mas, uma vez que tenham mirado o alvo, você pode ter certeza de que vão suportar tudo, desde a agonia até o medo existencial e o tédio, para atingi-lo.

👁 Afirmações

- Confio em meus instintos; suas mensagens são uma dádiva.

- Minhas transformações pessoais são uma parte natural do meu processo de vida.

Perguntas para reflexão

- Você muitas vezes precisa de transformações pessoais para se sentir vivo e cheio de energia? Quais foram suas transformações mais extremas?

- Quando você não tem algo sob seu controle, tende a controlar as circunstâncias externas? Como isso se mostra na sua vida?

- Você sente que sua capacidade de demonstrar e usar seu poder, guardar segredos apropriados, ser investigativo e trabalhar de maneiras transformadoras está vinculada ao propósito da sua vida? Isso pode não estar claro neste momento, mas a ideia em si parece fazer todo sentido para você?

SOL EM SAGITÁRIO

O Sol neste signo mutável do elemento Fogo sabe dar suas voltinhas por aí. Sagitário está sempre em busca de alguma coisa, e, com o Sol nesse signo, a personalidade desenvolvida é geralmente filosófica, confiante e otimista. Você está aberto para experimentar a vida em todas as suas variações. Com Júpiter como planeta regente do seu Sol, você vive parte do propósito da sua vida sendo grandioso em tudo o que faz, e é bem provável que vá querer fazer tudo pelo menos uma vez.

Se algo é bom, seu Sol em Sagitário vai querer muito isso. Sentindo-se mais à vontade galopando no horizonte, esse signo de Fogo é exuberante quando demonstra sua fé e está munido com grandes doses de informação. Júpiter é o planeta da sabedoria, que simboliza professores, estudiosos e sacerdotisas de todas as ordens. Nesse signo, seu Sol assume esses arquétipos e os expressa por meio da personalidade.

O símbolo de Sagitário é o centauro segurando um arco, com uma flecha apontada para a verdade. Seu Sol em Sagitário é essa flecha, disparada para o espaço, buscando as respostas conclusivas para as questões existenciais mais profundas e à procura de descobrir em que acreditar e como elevar e incentivar todos que encontra em seu caminho.

Como todos os signos mutáveis, Sagitário tem um corpo dual. Metade humano e metade cavalo, esse signo de Fogo é conhecido por precisar ter vários projetos em andamento. Movendo-se em todas as direções, seu Sol em Sagitário pode dificultar a escolha entre tantas opções, mas é bem provável que você tenha resistência para fazer muitas coisas ao mesmo tempo. Os signos de Fogo têm um talento especial para identificar quando está diante de uma boa oportunidade. Você só precisa de espaço e autonomia para ouvir sua intuição.

O Sol em Sagitário pode ser impulsivo e insensível. Por ser um signo de Fogo, a sua necessidade de agir é grande, mas isso lhe deixa pouco tempo para refletir sobre como suas ações podem afetar as outras pessoas. O signo de Fogo desequilibrado sempre corre o risco de demonstrar um pouco de arrogância. Tendo Júpiter, o planeta do exagero, como seu regente, o Sol em Sagitário pode arranjar problemas; embora pudesse ter a melhor das intenções, eles não deixarão de lhe dar dor de cabeça. Aqueles com o Sol em Sagitário precisarão descobrir quais caminhos vão querer trilhar nesta vida e inspirar os outros a fazerem o mesmo à maneira deles.

👁 *Afirmações*

- Faço uma pausa para considerar o que posso estar deixando passar despercebido, por pura pressa.

- Minha fé exuberante é o que me dá sorte.

📝 *Perguntas para reflexão*

- Em que área da sua vida você se sente livre para avançar no seu próprio ritmo? Em que área da sua vida você costuma se exceder? Por quê?

- As pessoas costumam dizer que você é inspirador? Qual das suas características você acha que as inspira?

- Você sente que sua capacidade de personificar o otimismo, a fé e a sabedoria está vinculada ao propósito da sua vida? De que maneira? A sua capacidade de buscar soluções ou de recorrer à sua própria energia de abundância direciona sua capacidade de viver o propósito da sua vida?

SOL EM CAPRICÓRNIO
♑ ☉

Em Capricórnio, um signo cardinal do elemento Terra, seu Sol encontra maneiras de utilizar seus recursos com praticidade. Capricórnio quer fazer com que as coisas funcionem. Muito prático em seus sentimentos, ele está interessado no que vai ajudá-lo a chegar onde quer, sem se importar muito com o que não vai lhe acrescentar nada nessa empreitada. Nesse signo, o Sol ganha a fama de ser um grande realizador.

É mais do que provável que seu Sol em Capricórnio brilhe quando você é pragmático, mas esse pragmatismo nasce do modo criativo como você usa os instrumentos à sua disposição. Para isso, você precisa dominar a arte da restrição. Nenhum signo entende a gratificação a longo prazo tanto quanto Capricórnio.

Capricórnio é regido por Saturno. O planeta mais lento do sistema tradicional, Saturno aprecia a dádiva do tempo. Leva muitas luas para que um ano se passe, e tanto Capricórnio quanto Saturno sabem economizar energia como ninguém.

Normalmente se sentindo à vontade para se expressar quando tem um pouco mais de tempo, seu Sol em Capricórnio é uma raposa prateada aguardando sua temporada. A expressão "Melhor a cada ano que passa" cabe perfeitamente nesse signo.

Tendo como mascote uma cabra-montês com cauda de peixe, você tem a capacidade de escalar qualquer montanha e, ao mesmo tempo, de nadar nas profundezas de qualquer mar. Seu Sol provavelmente sente fascínio não só pela ideia de escalar as estruturas que o intrigam, mas também de ruminar nas águas da criação. Nem sempre expressando emotividade, você viaja pelo reino dos sentimentos em seus próprios termos. Afinal, as cabras-montesas são criaturas solitárias.

Regido pelo planeta dos anéis, seu Sol em Capricórnio é muito bom em estabelecer limites. A autocontenção é o estilo do seu Sol e sua tática de sobrevivência. Suas regras de comprometimento devem ser levadas a sério – por você mesmo e por qualquer pessoa que queira sua devoção. As pessoas podem não saber quais são os seus limites, mas elas certamente saberão quando ultrapassarem um deles.

Distorcido, o Sol em Capricórnio pode se tornar rígido, excessivamente cético, crítico e severo. Como seu regente, Saturno, o Sol em Capricórnio pode se tornar muito arredio. Você pode ter muita dificuldade para se conectar com outras pessoas só por prazer. Com esse posicionamento, é bem pouco provável que você busque conforto nos outros; você pode buscá-lo aderindo ao seu próprio código de ética pessoal. Talvez você precise aprender a se abrir para as oportunidades da vida se não quiser ficar tão ocupado, cultivando seus campos, a ponto de não desfrutar dos frutos do seu trabalho.

Afirmações

- Minha responsabilidade é valorizar o amor, a alegria e o prazer tanto quanto valorizo meu trabalho neste mundo.

- Respeito minha necessidade de solidão.

Perguntas para reflexão

- Que parte de você tende a sofrer ou se privar das coisas para alcançar aquilo que mais quer? Isso é necessário?

- Pelo que ou por quem você se sente mais responsável?

- Você sente que sua capacidade de manifestar sua energia criativa sendo coerente, responsável, disciplinado e confiável faz parte do propósito da sua vida? Se você ainda não encontrou um modo de fazer isso, essa ideia ao menos parece fazer sentido para você?

SOL EM AQUÁRIO

♒ ☉

Em Aquário, um signo fixo do elemento Ar, o Sol expressa sua natureza concentrando sua energia nas atividades intelectuais. O Sol em Aquário ajuda você a desenvolver uma personalidade que o faz ser conhecido pela sua capacidade de entender e inovar sistemas para que funcionem melhor para todos. O Sol num signo de Ar se expressará por meio do intelecto, da comunicação e da capacidade de trocar ideias, mas Aquário é (por tradição) um signo regido por Saturno, o que significa que é um pouco reservado. Frio. Com limites bem definidos. O planeta dos anéis desenvolve seu próprio mecanismo para criar o espaço de que precisa.

O símbolo de Aquário é o aguadeiro, que derrama suas libações para a humanidade. Aqui o Sol tem o dom incrível da visão inabalável. Aquário é um signo adepto do discernimento intelectual e contém sua exuberância até compreender uma situação completamente. Sua clareza tende a perfurar a névoa da emotividade, para que o problema possa ser resolvido.

O Sol está em seu detrimento em Aquário, o signo oposto à sua casa em Leão. Nesse signo, ele tem que irradiar sua luz num signo focado no grupo, não nas suas próprias necessidades pessoais. O Sol em Aquário geralmente se sente mais confortável pensando na humanidade do que em trocas emocionais com outros seres humanos (a menos que outro aspecto do mapa se oponha a isso). Para os signos do Ar, em geral é mais fácil permanecer na cabeça do que no coração. É na mente que Aquário tem mais força, mas isso sempre pode se tornar uma fraqueza se o restante do seu ser não se desenvolver também.

Assim como o Sol precisa despender um certo esforço para brilhar em Libra (sua queda), um signo focado nos relacionamentos, o mesmo acontece em Aquário (seu detrimento), pois ele perde força por não se concentrar na autoexpressão. Isso não significa que você não possa ser tão poderoso ou obcecado por si mesmo quanto os outros signos podem ser, só quer dizer que o seu foco está na sua capacidade de criar estruturas que promovam a igualdade.

O Sol em Aquário pode fazer de você alguém que age de modo diferente dos outros signos. Você não depende da atenção que o Sol geralmente busca, o que lhe confere um possível ar de indiferença.

Ser a pessoa mais inteligente da sala talvez seja fácil para você, mas é também o jeito pelo qual seu Sol distorcido tenderá a se manifestar. Seu Sol em Aquário pode se tornar tão lógico que você se sinta tentado a ignorar as mensagens do seu coração. Aprender a sentir, a se emocionar e a se relacionar com o seu eu físico pode operar maravilhas em você. Uma vez em contato com a sabedoria que reside em você, nada mais poderá detê-lo.

Afirmações

- Minhas emoções têm uma lógica própria.

- Eu me dou o direito de não saber o que fazer, dizer ou pensar sobre uma situação.

Perguntas para reflexão

- Em que área da sua vida a lógica lhe traz mais benefícios? Em que área da sua vida confiar apenas na lógica atrapalha seu crescimento? Em que você tende a ser excessivamente rígido no seu modo de pensar?

- O que o ajuda a estabelecer e manter uma conexão com a sua vida emocional?

- Você sente que sua capacidade de entender sistemas e inová-los ou que sua capacidade de demonstrar e aplicar suas habilidades intelectuais estão vinculadas ao propósito da sua vida?

SOL EM PEIXES

♓ ☉

Em Peixes, um signo mutável do elemento Água, cujo símbolo tem um corpo dual, seu Sol quer seguir em todas as direções. A Água, sem um recipiente que a contenha, escorre pelas frestas de todas as superfícies que pode alcançar. O fato de ter um elemento úmido e mutável torna a personalidade de Peixes maleável, às vezes crédula, adaptável, reflexiva e que se deixa iludir com facilidade. Nesse signo, seu Sol o estimula a desenvolver uma personalidade que reúne influências de tantas fontes quanto possível. Seu Sol em Peixes não pode deixar de ser permeável ao ambiente em que está, o que lhe dá a reputação de ser compassivo, bondoso, empático e pacifista. Com um pendor natural para ser enfermeiro, agente de cura, artista e poeta, seu Sol em Peixes provavelmente tem talento suficiente para deixar uma impressão neste mundo.

Peixes é um signo extremamente fértil, e nele seu Sol brilha sendo versátil. Você sente suas baterias sendo recarregadas quando passa por tantas experiências quanto possível, tanto no mundo físico quanto no transcendental. Isso não quer dizer que você não precise de momentos de descanso e reflexão profunda. Como todos os signos de Água, Peixes tem de recuperar a energia emocional que despende. Como todos os signos mutáveis, este também pode se sentir esgotado se dispersar energia demais.

O símbolo desse signo são dois peixes nadando em direções opostas, mas ligados por um cordão. Esse símbolo condensa o paradoxo que existe no âmago dessa *persona*. Como duas pessoas no mesmo barco, remando em direções diferentes, Peixes pode gastar muita energia nadando em círculos. Talvez esse efeito de redemoinho acabe levando a uma outra dimensão, mas o Sol em Peixes é uma personalidade muitas vezes dividida, dotado de muitos talentos, querendo experimentar todas as coisas e se entediando facilmente ao se deparar com a uniformidade.

Os caminhos da vida estão longe de ser lineares para você, com Sol em Peixes. Você nada no ritmo das suas próprias marés, fluindo com as correntes da sua própria vida, em vez de seguir um caminho pré-definido. Você pode ser conhecido pelo seu temperamento místico e indefinível. Você pode tirar as pessoas do sério, com a sua capacidade de evaporar de uma hora para outra. Seu Sol em Peixes é um ótimo artista especialista em fugas.

Quando distorcido, Peixes pode acabar sendo um mártir, um andarilho, alguém desestruturado, distraído, perdido, atordoado e confuso. Peixes tem propensão para pegar todos os gatos de rua e pássaros de asas quebradas. Compaixão é a sua qualidade mais nobre, mas, sem uma dose saudável de discernimento, ela é de pouca utilidade. Se tem Sol em Peixes, você só sairá ganhando se aprender mais sobre os limites da sua vida pessoal. Esse conhecimento é vital. Não é responsabilidade sua curar a todos – nem ninguém em particular.

👁 *Afirmações*

- Tomo posse da minha energia, retirando-a do mundo à minha volta.

- Aprendo a cuidar de mim mesmo deixando claro o que quero e preciso.

Perguntas para reflexão

- Em que área da sua vida sua sensibilidade é seu ponto forte?

- Você costuma se sobrecarregar com os sentimentos de outras pessoas? Se a resposta é sim, o que o ajuda a descarregar essa energia que pode ter absorvido de outras pessoas?

- Você sente que sua capacidade de sentir empatia, demonstrar compaixão e manifestar suas visões criativas está vinculada ao propósito da sua vida? Você sente que é capaz de utilizar sua sensibilidade ou imaginação em alguma área da vida que lhe traga plenitude?

A CASA DO SEU SOL: EM QUE ÁREA DA VIDA VOCÊ PRECISA BRILHAR?

Em que casa está o seu Sol?

Lembrando que os planetas são os atores, os signos são os estilos ou figurinos e as casas são os cenários, quando olhamos para a casa em que seu Sol está, estamos vendo o lugar ou cenário da sua vida em que você precisa aprender a brilhar, desenvolver sua personalidade e realizar uma parte do propósito da sua vida.

Por exemplo, se o seu signo solar é Virgem, conhecido por ser um signo esforçado, analítico e de uma cuidadosa precisão, e está na Casa 2, a dos meios de subsistência, dos bens e dos recursos, o propósito da sua vida provavelmente precisa ser cumprido por meio do trabalho que você faz para se sustentar. Você precisará encontrar significado em seu trabalho para sentir que você tem um propósito. Você pode ser um escritor (Virgem é geralmente bastante astuto na elaboração de uma frase) que faz comentários e críticas sobre a sociedade. Ou pode ser um analista, um médico, um agente de cura ou um fitoterapeuta. O importante é que você precisa desenvolver uma identidade (o Sol) com relação ao seu relacionamento com dinheiro, bens e meios de subsistência (Casa 2), sendo cuidadoso, prestativo, crítico, preciso e terapêutico (Virgem).

O Sol da dra. Maya Angelou está exaltado em Áries (no signo que dá força e possível fama ao Sol) na Casa 9, das viagens, da educação, das publicações e da filosofia. O Sol, assim como cada planeta, tem uma casa onde está sua alegria. O lugar da alegria do Sol é a Casa 9, tradicionalmente conhecida como a Casa de Deus. Qualquer planeta que esteja no lugar da sua alegria está na casa onde é mais feliz e capaz de fazer o seu trabalho com grande confiança. Essa configuração – um Sol exaltado na casa da sua alegria – é um Sol especialmente forte. Ele deu a Maya confiança, capacidade e vitalidade para abrir caminho no campo das publicações. Não é de admirar, portanto, que o primeiro livro dela, *I Know Why the Caged Bird Sings*, contradiga completamente a opinião popular, no campo editorial, de que a autobiografia de uma mulher negra nunca seria bem-sucedida. Seu trabalho de estreia mostrou, sem deixar dúvida, o impacto da supremacia branca, especificamente em relação à escravidão e às leis de Jim Crow, no sul dos Estados Unidos, além de ser um dos primeiros livros a tratar explicitamente do estupro infantil. Ele foi um *best-seller* por dois anos e continua sendo parte integrante do cânone da literatura americana.

> *Agora é hora de escolher sua própria aventura. Avance até a seção sobre a casa em que seu Sol se encontra.*

SOL NA CASA 1

☉

A Casa 1 é o lugar da vitalidade, da energia, do eu, do corpo e da aparência. É a única casa do mapa focada na nossa própria identidade; todas as outras casas tratam de outro aspecto da nossa vida. Portanto, qualquer planeta na Casa 1 precisa ser uma parte intrínseca de quem somos.

Se você tem o Sol na Casa 1, precisará aprender a viver seu potencial por meio do veículo da sua personalidade. Sozinho e por conta própria. Isso não significa que a vida também não seja composta de relacionamentos ou que os relacionamentos em si não sejam importantes para o propósito da sua vida, mas encontrar um caminho para o seu Sol brilhar é a chave. Tanto a Casa 1 quanto o Sol estão associados ao eu e à energia da nossa força vital, por isso, se o seu Sol está nessa casa, você pode ter uma tendência ao exagero ou a dar grande ênfase ao seu autodesenvolvimento. O eu e a personalidade devem ser vivenciados por meio do estilo do signo do seu Sol e de qualquer outro planeta que esteja com ele. O seu Sol está clamando para que você encontre todas as formas autênticas de expressar sua natureza solar e descubra como ela pode favorecer a sua vida e o seu propósito.

Perguntas para reflexão

- De que maneiras sua personalidade está a serviço do propósito da sua vida?

- Você é alguém reconhecido pelo que faz e por ser quem é (mesmo que você não se sinta confortável com esse reconhecimento)?

- Você se sente em conflito ou à vontade ao ser visto no mundo?

SOL NA CASA 2

A Casa 2 representa nossos bens, nosso dinheiro, nosso valor próprio e nossas propriedades. Se você tem o Sol na Casa 2, sua renda, seus recursos financeiros, suas propriedades, seu valor pessoal e seu trabalho são importantes para o seu autodesenvolvimento. Com esse posicionamento, você precisará encontrar um trabalho que lhe permita brilhar, encontrar seu espaço e desenvolver seu potencial. A sua identidade é um ativo que o ajuda a se fortalecer como pessoa. Um dos maiores desafios que a maioria de nós enfrenta é encontrar maneiras de gerar uma renda que não cause maiores danos ao mundo ou a nós mesmos. O capitalismo floresce enquanto as pessoas e os recursos do planeta são explorados. Entender sua identidade por meio de como você escolhe empreender, interromper ou reinventar a troca de mão de obra por bens materiais pode ser o tema central da sua vida. O tipo de trabalho que você fará depende, em parte, do signo em que o seu Sol está, mas, independentemente do seu signo solar, desenvolver-se por meio do modo e do lugar onde você ganha a vida é decisivo. Isso não significa que você tenha facilidade para ganhar muito dinheiro. Também não significa que você tenha facilidade para se sustentar. Apenas aponta para a área da sua vida em que você precisa aprender a ocupar o seu espaço de um jeito só seu e, ao fazer isso, entender quem você é e qual é o seu potencial.

Perguntas para reflexão

- Em que aspecto da sua vida profissional você se sente capaz, confiante e cheio de propósito?

- Quais são as qualidades do seu signo que você mais deseja expressar no modo como ganha a vida?

- Como uma parte do propósito de sua vida é vivida e expressa por meio do seu relacionamento com seus bens, talentos e recursos?

SOL NA CASA 3

⊙

A Casa 3 representa a comunicação, os rituais diários, a vizinhança, os irmãos, a família e os bons amigos. Quando estamos em movimento, somos menos estáveis e mais suscetíveis às influências do mundo. Se o seu Sol estiver na Casa 3, você provavelmente se dará melhor quando estiver em trânsito e em espaços transitórios. Aqui, seu Sol brilha em sua jornada diária. Com o Sol na Casa 3, você precisará gastar sua energia se comunicando, trocando e propagando ideias, e, nesse meio-tempo, geralmente haverá muita coisa acontecendo o tempo todo. Os relacionamentos com irmãos, primos, parentes e amigos próximos desempenham um papel fundamental no desenvolvimento do propósito da sua vida. Isso não significa que esses relacionamentos sejam fáceis, mas que os problemas nesse âmbito podem ser decisivos na sua vida. Como essa também é a casa dos rituais, e por tradição conhecida como o Templo da Deusa, ter o Sol na Casa 3 pode significar que você tem uma afinidade natural com rituais espirituais, culturas centradas na deusa, mitologias e religiões, ou que a espiritualidade é uma parte essencial da sua identidade.

Perguntas para reflexão

- Quanto do seu dia você passa em movimento, do ponto de vista físico ou mental?

- Você se sente mais vivo quando tem uma variedade de coisas para fazer todos os dias?

- Quanto do seu dia você passa lendo, escrevendo ou falando com outras pessoas?

- Até que ponto o relacionamento com seus irmãos, com seus outros parentes ou com seus amigos definem seu senso de identidade?

SOL NA CASA 4

☉

A Casa 4 é conhecida como o começo e o fim de todas as coisas. É aqui que encontramos nossas raízes e tradições. É a casa dos pais, dos avós e dos ancestrais.

Com o seu Sol na Casa 4, você terá que lidar com uma identidade que está profundamente enraizada na história da sua família

– seja isso positivo ou desafiador. Isso não quer dizer que você se sentirá parte da sua família de origem ou que esses relacionamentos serão fáceis para você, mas há uma forte conexão entre seu desenvolvimento pessoal e o seu sistema familiar. Você pode trabalhar com a sua família, trabalhar em casa ou trabalhar com outras famílias. Com o Sol na Casa 4, é importante que você busque e compreenda suas raízes e ancestrais. Também pode ser necessário que você lance e construa seus próprios alicerces e seu lar.

Perguntas para reflexão

- De que maneira o fato de ser membro da sua família lhe trouxe no passado, ou ainda lhe traz, conforto ou um senso de identidade e a sensação de ter raízes?

- Quais questões familiares dificultam a descoberta do seu próprio senso de identidade?

- Até que ponto você precisou se desapegar das suas raízes para estabelecer uma identidade própria? Isso é difícil para você?

SOL NA CASA 5

☉

A Casa 5 é um lugar de prazer, alegria, expressão pessoal, projetos criativos, filhos, sexo, sexualidade, erotismo e romance. Se o seu Sol está na Casa 5, você precisa encontrar maneiras de brilhar nessas áreas. Ter o seu Sol no lugar onde você quer se divertir também pode significar que você gasta uma dose considerável de energia na busca pelo prazer. Outras pessoas podem contar com você para deixar o clima mais leve, se divertir e ser a alma da festa. Parte da sua energia vital pode acabar sendo dispersada em casos de amor, jogos e tudo o que lhe entretém, mas o que parece uma distração para o mundo exterior pode ser apenas a sua maneira de ser.

Perguntas para reflexão

- De que modo você canaliza a sua energia criativa?

- Uma dose significativa da sua energia é destinada a gerar uma vida melhor para seus filhos? Você é pai, mãe, tutor ou tutora de uma criança ou várias? E, se a resposta é sim, você considera esse um dos papéis mais importantes que assumiu na vida?

- O que você aprende sobre si mesmo quando dedica seu tempo ao desenvolvimento de projetos criativos ou se divertindo e curtindo a vida?

SOL NA CASA 6

A Casa 6 é a casa da saúde e dos problemas de saúde, do trabalho, dos funcionários e dos problemas que surgem quando nosso ambiente de trabalho não é configurado de maneira justa. Ter o seu Sol na Casa 6 não significa que você terá necessariamente problemas de saúde ou que, se tiver, essa será uma situação ao longo da vida. Você pode simplesmente preferir enfrentar a dor e o sofrimento de frente.

Se você tem o Sol nessa casa, precisará aprender a encontrar ambientes de trabalho em que possa brilhar plenamente. Você provavelmente é muito eficiente no que faz e conhece muito bem o seu ofício, por isso o segredo, no seu caso, é encontrar lugares e pessoas com quem mais deseja se alinhar. O Sol é uma força cheia de vitalidade e, na Casa 6, ele às vezes pode ter um pouco mais de dificuldade para irradiar a sua luz. Parte da descoberta da sua vitalidade e do seu propósito de vida pode estar relacionada com a sua disposição para enfrentar, deter e abordar o que é sistemicamente opressivo, especialmente em relação à força de trabalho, ao tráfico de seres humanos, ao legado e à história da escravidão e à desigualdade econômica.

Perguntas para reflexão

- Que parte do propósito da sua vida está vinculada aos movimentos de libertação, justiça e igualdade?

- Você costuma assumir um papel de apoio no trabalho? Quando isso é empoderador? Quando não é? Você costuma trabalhar demais?

- O que você mais aprecia no seu corpo? O que o deixa mais frustrado na sua aparência física? Como você está curando o seu relacionamento com esse aspecto do seu corpo?

SOL NA CASA 7

A Casa 7 é o lugar do casamento, das parcerias estáveis, das relações comerciais. Ter o seu Sol aqui significa que alguma parte do seu propósito de vida precisa ser vivenciada num relacionamento ou numa parceria. Por mais independente que você seja, você pode achar que o principal caminho para a realização do seu potencial é estar com outras pessoas. Geralmente quem tem o Sol na Casa 7 tem a vida repleta de parcerias estáveis de todos os tipos. Isso pode parecer divertido, mas muitas vezes você pode achar difícil identificar seus próprios sonhos.

Perguntas para reflexão

- Que parcerias têm sido importantes para você cumprir o propósito da sua vida?

- Que tipo de *feedback* você costuma receber das pessoas com quem tem uma parceria?

- Embora a parceria possa ser algo difícil para você, você sabe que precisa dela para se realizar nesta vida?

SOL NA CASA 8

A Casa 8 é a casa da morte, das heranças, da angústia mental, dos recursos de outras pessoas e do compartilhamento da nossa energia, do nosso tempo, dos nossos talentos e dos nossos ativos com terceiros. Ter o Sol na casa que lida com o sofrimento psicológico resultante da perda pode tornar você muito consciente do que seja a dor, tanto em você mesmo quanto nas outras pessoas. Terapeutas, especialistas em traumas, agentes de cura, doulas da morte, conselheiros de luto, médiuns e aqueles que ajudam os outros a atravessar estados emocionais mais difíceis geralmente têm algo significativo nessa casa.

Com o Sol na Casa 8, você pode ter tido muitas perdas substanciais na vida, vivido experiências de quase morte, ter sido obrigado a enfrentar doenças mentais ou ter sobrevivido a muitos acontecimentos que o deixaram cara a cara com a morte. Esses eventos tendem a modelar e revelar a natureza do seu destino, dos seus impulsos e do seu propósito.

Num nível mais prático, o Sol na Casa 8 pode fazer você descobrir uma tendência para trabalhar com os ativos, recursos e talentos de outras pessoas, com um fim lucrativo para todos.

Perguntas para reflexão

- Você tem talento para usar as habilidades ou os recursos de outras pessoas e fazer algo com eles que essas pessoas não conseguiriam fazer sozinhas?

- Você se sente especialmente próximo do sofrimento, da dor e da perda de outras pessoas?

- É uma parte importante do propósito da sua vida ajudar a manter e criar espaços para práticas de cura voltadas para pessoas que passaram por traumas?

SOL NA CASA 9

A Casa 9 é conhecida, na astrologia tradicional, como a Casa de Deus. Como o Sol era visto como Deus (e a Lua como a Deusa, razão por que a Casa 3 é o lugar da alegria da Lua), a Casa 9 é a casa da alegria do Sol. Ter o seu Sol nessa casa lhe dá uma qualidade e força especiais. A Casa 9 é a casa da espiritualidade, da religião, da filosofia, do ensino superior, das publicações, das viagens de longa distância e dos planos de longo prazo.

Com seu Sol na Casa 9, você pode precisar encontrar maneiras de se expressar explorando o mundo. Qualquer trabalho que o leve a aventuras internacionais ou a entrar em contato com outras culturas e geografias é perfeito para você. Dito isso, é um erro pensar que o Sol nessa casa anseia apenas por exploração geográfica. Ele também procura grandes viagens do ponto de vista filosófico. Você pode possuir as qualidades (se não o título) de um guia espiritual, de um educador, de um líder ou de um editor.

Perguntas para reflexão

- Viajar recarrega as suas baterias? Ajuda-o a se conectar com o seu propósito?

- A religião ou a espiritualidade foram uma parte importante da sua formação? Que experiências negativas você teve em religiões organizadas? Que experiências positivas você teve em igrejas, templos, mesquitas ou outros locais de culto?

- As pessoas costumam se maravilhar com a sua capacidade de sintetizar conhecimento? Se a resposta é sim, o que você ensina ou aprende quando se sente mais em sintonia com a sua vocação?

SOL NA CASA 10

☉

A Casa 10 é o local da carreira, da fama, da notoriedade e da vida pública. O Sol na Casa 10 precisa se manifestar no mundo. Com o seu Sol nessa casa, você precisa mostrar sua luz em lugares e espaços onde será visto. Não há onde se esconder na Casa 10. Aqui tudo é público, e sua personalidade é usada como veículo para sua profissão ou a sua identidade está ligada aos papéis que você ocupa no mundo. Você pode ou não se sentir confortável sendo o centro das atenções, mas, com o Sol na Casa 10, você precisa fazer as pazes com os holofotes em algum momento, pois ou você será empurrado para baixo deles ou viverá com a sensação de que seu potencial não foi realizado, caso se recuse a fazer isso.

Perguntas para reflexão

- Que papéis você ocupa na sociedade e de que modo eles o ajudam a ter um senso de propósito na vida?

- Os elogios do público o seduzem? Você sempre os procura mesmo que isso vá contra o seu senso de integridade?

- Você costuma se ver em cargos em que a sua personalidade é tão importante quanto o trabalho que está realizando?

SOL NA CASA 11

⊙

A Casa 11 é, por tradição, conhecida como a casa dos bons espíritos e está associada à felicidade que vem da conexão com as outras pessoas. A Casa 11 é o lugar dos amigos, dos grupos, das associações, dos aliados, da comunidade e daqueles que compartilham as mesmas esperanças e os mesmos sonhos que você. Com o seu Sol nessa casa, você chegará ao seu destino na vida por meio daqueles que você conhece. Amigos, grupos e eventos sociais são muito importantes para você. Quanto mais se colocar na companhia de pessoas afins, mais rápida será a a trajetória e sua descoberta do propósito da sua vida. Ter o Sol na Casa 11 é uma indicação de que existem conexões benéficas para você fazer. Quanto mais você buscar objetivos em comum com outras pessoas, mais vai constatar que aqueles que podem ajudá-lo a chegar lá estão prontos e dispostos a fazer isso.

Perguntas para reflexão

- Você acha que o propósito da sua vida é cumprido, em parte, graças às conexões que você tem com comunidades, amigos e clientes? Até que ponto você "tem sorte" por sempre conhecer as pessoas certas ou estar no lugar certo na hora certa?

- Você se sente mais cheio de energia quando está conectado a pessoas que têm as mesmas visões sobre o futuro que você?

- Você tem dificuldade com grupos, mas acha que está sempre às voltas com algum deles ou os considera importantes para você cumprir o propósito da sua vida?

SOL NA CASA 12

A Casa 12 é a casa das tristezas, da autodestruição, da perda, do cárcere, da institucionalização, do inconsciente coletivo, da vida oculta, dos segredos, do trabalho nos bastidores e do poço profundo da criatividade, que está ao nosso alcance apenas quando nos dispomos a curar nossas feridas mais profundas.

Nessa casa, seu Sol pode desejar que você trabalhe com aqueles que estiveram ou estão no cárcere ou estão combatendo algum tipo de doença mental, emocional, espiritual ou física. Com o Sol na Casa 12, é importante reservar um tempo para entender como a dor e o sofrimento afetam o ser humano. Estudar o que mantém a humanidade ligada às dores também o levará ao que desbloqueia nosso potencial criativo. O Sol na Casa 12 pode desenvolver um profundo respeito pela condição humana e descobrir como podemos finalmente chegar à nossa própria libertação. Não há soluções rápidas nesse caso, apenas um processo profundo de transformação do chumbo em ouro, nos caldeirões da nossa alma. Esse também é um lugar do mapa que não fica à mostra, portanto, com o Sol nessa casa, pode ser necessário passar muito tempo em solidão, num local reservado, ou nas câmeras escuras da criação.

Perguntas para reflexão

- Você costuma brilhar em salas escuras, estúdios, incubadoras de ideias ou espaços de meditação? Você precisa passar um tempo sozinho nesses ambientes, para recarregar as baterias e expressar seu potencial criativo?

- As doenças mentais, a perda, o encarceramento e o sofrimento de outras pessoas têm sido uma parte importante do seu trabalho no mundo?

- Você costuma ter sensibilidade para captar o que os outros precisam, o que será relevante no futuro ou o que será popular?

RELACIONAMENTOS COM OUTROS PLANETAS
QUEM ESTÁ INFLUENCIANDO A SUA CAPACIDADE DE BRILHAR?

Que planetas estão em aspecto com o seu Sol?

Na astrologia, como na vida, tudo é influenciado pelos relacionamentos. Aspectos são relacionamentos entre planetas. Alguns aspectos ajudam seu Sol a brilhar (o sextil e o trígono – as "dádivas"), enquanto outros criam obstáculos significativos no caminho da autorrealização e da autoaceitação (quadraturas e oposições – os "desafios"). Às vezes tudo depende de qual planeta está formando o aspecto (como é o caso das conjunções – as "fusões").

Em muitos textos de astrologia, os aspectos são chamados de "testemunhos", como se um planeta fosse "testemunha" de outro. Se alguém nos testemunha, essa pessoa pode contar aos outros sobre nós – para o bem ou para o mal. O que significa ter o Sol testemunhado pelas suas nêmeses astrológicas? Saturno nos examinará a fundo, Vênus verá o que temos de melhor, Marte observará nossas fraquezas e Netuno fantasiará sobre quem poderíamos ser.

Os planetas em conjunção com o Sol se tornam conhecidos por meio da personalidade. Eles exigem a fusão com a identidade da pessoa. O Sol, o eu, não pode ser expresso sem os significados dos planetas que estão em conjuntura com ele. Conjunções podem ser úteis ou desafiadoras, dependendo da natureza do planeta. Marte e Saturno desafiarão, Vênus e Júpiter ajudarão, Mercúrio é geralmente neutro, e Urano, Netuno e Plutão são uma combinação das duas coisas.

No mapa da dra. Maya Angelou, vemos que o Sol está em conjunção com Júpiter, planeta do otimismo, da abundância e da prosperidade, e com Urano, planeta da inovação, da rebelião, da ruptura e da mudança.

Outra evidência de que o mapa de Maya tem a marca do sucesso, do ponto de vista astrológico, é o Sol exaltado no lugar da sua alegria e a conjunção com Júpiter, um planeta que tem a capacidade de oferecer as bênçãos e a proteção da exuberância, do otimismo, da sabedoria e da generosidade. Quando vejo um planeta num mapa que possui tantas vantagens, tomo nota dele. Obviamente, cabia a Maya transformar essa característica bem-sucedida em algo que seria significativo para ela, assim como acontece com todos nós. Contudo, podemos ver que, desde o nascimento, ela teve acesso direto às dádivas que estava destinada a conceder. Em vez de ficar amargurada pelas circunstâncias da vida, o que seria completamente compreensível, Maya Angelou tornou-se artista, ativista e educadora, cujo trabalho expunha a supremacia branca, mostrando a origem do problema aos seus responsáveis. Os significados de Júpiter, de superação das dificuldades por força da fé na nossa capacidade de sermos maiores do que forças opressivas e cruéis, estão muito bem condensados no famoso poema de Maya, *Still I Rise*, uma ode ao trabalho dela tanto como artista como quanto ativista.

O Sol de Maya também ficava a 10 graus de uma conjunção com Urano, o Mensageiro do Despertar, o Radical, o Rebelde. Esse aspecto é iluminado pelo envolvimento de Maya com muitos movimentos sociais e ações de direitos civis. Ao longo de toda a sua vida, ela mostrou ter capacidade de combater a apatia, a injustiça e a iniquidade com suas mensagens diretas e ponderadas e com seu trabalho consistente e desprovido de *glamour*. Antes de se tornar uma escritora consagrada, Maya Angelou era artista e organizadora de direitos civis. Ela foi diretora da Southern Christian Leadership Conference, de Martin Luther King Jr., e trabalhou diretamente com Malcolm X, como cofundadora da Cultural Association for Women of African Heritage, além de documentar a luta anticolonial enquanto era editora do *Arab Observer*, quando morou no Cairo.

No entanto, o Sol em conjunção com Urano tanto pode ser considerado prejudicial quanto útil. Por ser tão perturbador, Urano tem uma chama que, por ser inventiva, pode não ser apreciada até que tenhamos aprendido a trilhar seu caminho excêntrico. Ele justifica as voltas e reviravoltas mirabolantes da vida de Maya Angelou e explica por que ela não era convencional; porém, esse planeta é também a razão do caos que ela viveu quando criança, sendo obrigada a se mudar muitas vezes da casa da mãe para a da avó e vice-versa.

Agora é hora de escolher sua própria aventura. Olhe para a lista de aspectos do seu Sol que você anotou na página 51 e leia as seções que se aplicam ao seu mapa. Em seguida, responda às perguntas para reflexão, no final deste capítulo (página 109).

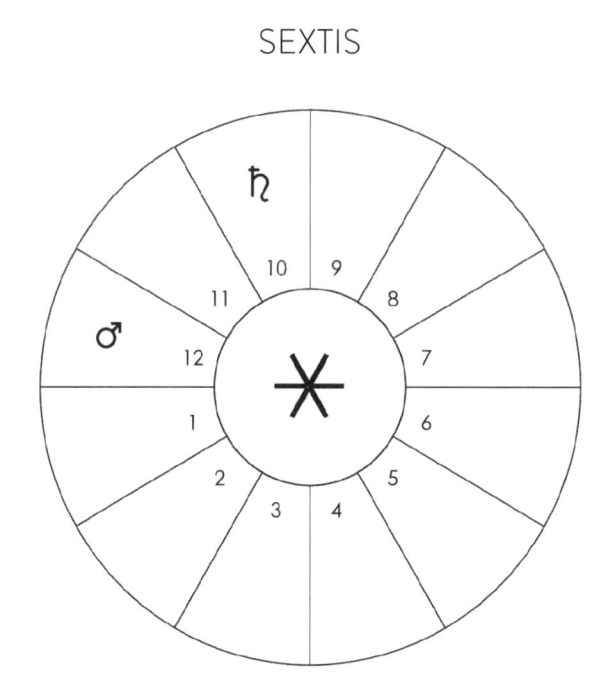

Dádivas

SEXTIS

O sextil é um ângulo de 60 graus, considerado leve e amigável, mas também útil e encorajador*. Um sextil entre o seu Sol e qualquer planeta será benéfico, mesmo que seja sutil.

Seu Sol em sextil com...

- a **Lua** cria um relacionamento harmonioso entre o propósito da sua alma e a sua maneira de viver esse propósito.

- **Marte** infundirá coragem e energia à sua identidade. Esse planeta geralmente promove sua capacidade de encontrar seu caminho de vida, sem se deixar perturbar pelo que a maioria das pessoas pode temer.

- **Júpiter** conferirá otimismo e fé na vida. Esse aspecto amplia sua capacidade de criar oportunidades graças ao seu próprio entusiasmo e atua como uma bênção para você, pessoalmente.

- **Saturno** o ajudará a demonstrar sua autoridade, seus limites e sua disciplina de uma maneira útil. Esse aspecto lhe confere um ar de autoridade.

- **Urano** concede à sua personalidade um quê de excentricidade, que o ajuda a ser notado, a falar o que pensa e geralmente não sentir dificuldade em ser diferente.

---

* Vênus nunca está a mais de 48 graus do Sol e, portanto, tecnicamente não pode estar em sextil com ele. Vênus pode estar a dois signos do Sol, mas nunca estará a 60 graus dele. Por essa mesma razão, não pode haver um trígono, uma quadratura ou uma oposição entre Vênus e o Sol. Mercúrio não pode estar a mais de 28 graus do Sol e, portanto, não pode haver um sextil, um trígono, uma quadratura ou uma oposição entre Vênus e o Sol. [N. A.]

- **Netuno** confere à sua personalidade *glamour*, imaginação e uma tendência para devaneios. Esse aspecto pode promover sua capacidade de se conectar com os outros por meio de uma compreensão compassiva.

- **Plutão** cria profundidade, intensidade e um poder inegável. Esse aspecto pode ajudá-lo a se conectar com pessoas influentes.

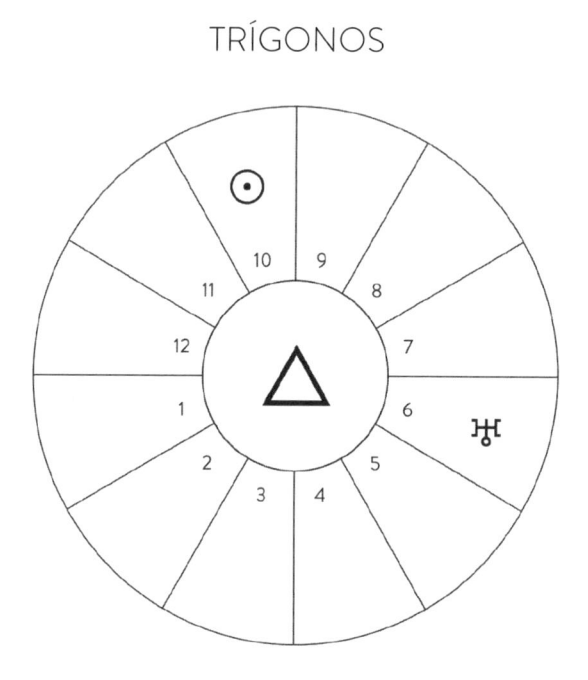

TRÍGONOS

O trígono é um ângulo de 120 graus, útil e harmonioso. Mais fortes que os sextis, os trígonos são capazes de impactar a vida de uma pessoa de maneiras mais contundentes. Os trígonos entre o seu Sol e qualquer planeta acentuam seus dons e talentos. Muitas vezes nem nos damos conta dessas dádivas, pois elas são naturais e fáceis para nós. Quando não nos esforçamos para obter alguma coisa, muitas vezes não damos muito valor a isso. Nos momentos de dificuldade, porém, se nos concentrarmos nos trígonos do nosso mapa e nas bênçãos que eles nos concedem, poderemos fazer nossa vida voltar mais facilmente aos trilhos.

Seu Sol em trígono com...

- a **Lua** cria um relacionamento harmonioso entre o propósito da sua alma e sua maneira de vivê-lo.

- **Marte** fará com que correr riscos e demonstrar força e coragem pareçam fáceis aos olhos do mundo exterior. Esse aspecto ajuda você a tratar e defender o que mais precisa da sua atenção.

- **Júpiter** o ajudará a parecer expansivo, inspirador e exuberante, fazendo que tenha sorte graças à sua fé de que as coisas vão dar certo. Esse é o trígono mais forte que qualquer planeta pode receber; se o seu Sol estiver em trígono com Júpiter, isso lhe conferirá um certo tipo de proteção e sorte na vida.

- **Saturno** lhe dá o dom da autodisciplina, da estrutura e da capacidade de realizar o que você se propõe a fazer. Esse aspecto cria uma identidade que prospera ao atingir seus objetivos.

- **Urano** pode criar uma personalidade que ache fácil romper com a tradição e que precise se expressar.

- **Netuno** concede uma sensibilidade mais intensa, uma imaginação vívida e um temperamento amistoso e descontraído, que as pessoas acham magnético.

- **Plutão** dá profundidade, intensidade e poder e pode ajudá-lo a atrair pessoas influentes.

Desafios
QUADRATURAS

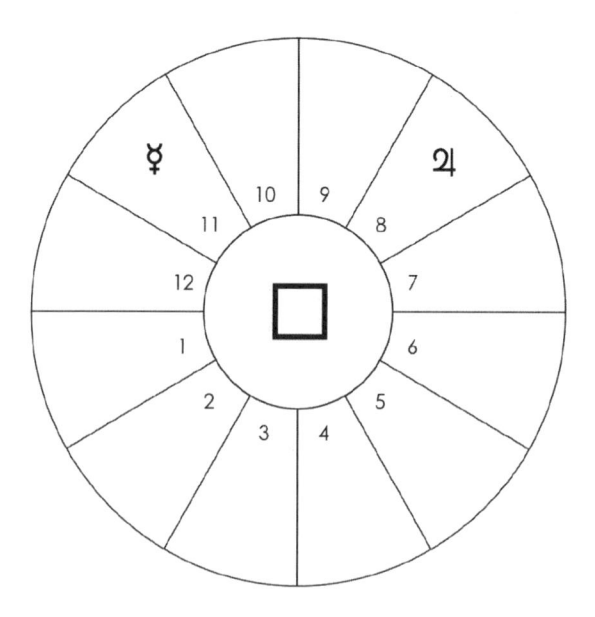

Quadraturas com o nosso Sol ocorrem quando existe um planeta a 90 graus à esquerda ou à direita desse astro. As quadraturas promovem tensão, agravamento e ação. Elas podem causar desconforto emocional, mental e possivelmente físico. No entanto, esse desconforto é dinâmico e pode obrigar a pessoa a entrar muitas vezes em ação para amenizar a discórdia.

Seu Sol em quadratura com...

- a **Lua** lhe conferirá um desejo de agir. Em geral, o Sol e a Lua em quadratura causam uma sensação de tensão interior que impulsiona você.

- **Marte** é um aspecto desafiador, que pode gerar violência, raiva e agressividade. No entanto, quando reconhece essas características, você pode se dispor a enfrentar situações que outros têm muito medo de enfrentar, ou canalizar sua energia para uma ação que exija coragem.

- **Júpiter** geralmente confere otimismo e exuberância, mas pode exacerbar seu ego, sua personalidade e sua crença em suas próprias capacidades e habilidades.

- **Saturno** pode parecer um obstáculo que deprime sua força vital. As responsabilidades podem parecer pesadas e os críticos internos ou externos podem dificultar seu caminho. No entanto, o esforço para vencer esses obstáculos trará à tona o melhor de você. O desenvolvimento de uma disciplina compassiva e a dedicação ao cultivo de uma vida cheia de significado podem libertá-lo das manifestações mais opressivas desse aspecto.

- **Urano** pode causar rupturas na sua vida ou por seu intermédio, e muitas vezes desafia o *status quo* (para o bem ou para o mal). Esse aspecto causa uma personalidade impactante ou opositora. Isso pode parecer positivo, necessário e emocionante para você e os outros, mas também pode causar irritação.

- **Netuno** pode levar ao autoengano e ao obscurecimento dos limites pessoais, tornando mais difícil ser consistente, prático e realista. No entanto, cultivar a sensibilidade e os talentos artísticos que Netuno geralmente confere pode ser uma maneira positiva de entrar em sintonia com essa energia transcendental e utilizá-la.

- **Plutão** pode confrontá-lo com experiências de perda de controle, abuso e luta por autonomia e para tomar posse do próprio poder. Esse aspecto geralmente cria uma natureza muito profunda e introspectiva. Você é alguém que, se optar por se curar de suas experiencias mais angustiantes relativas a Plutão, conseguirá sondar sem dificuldade as profundezas da psique e da alma. O tipo de poder pessoal que isso cria em você é inegável.

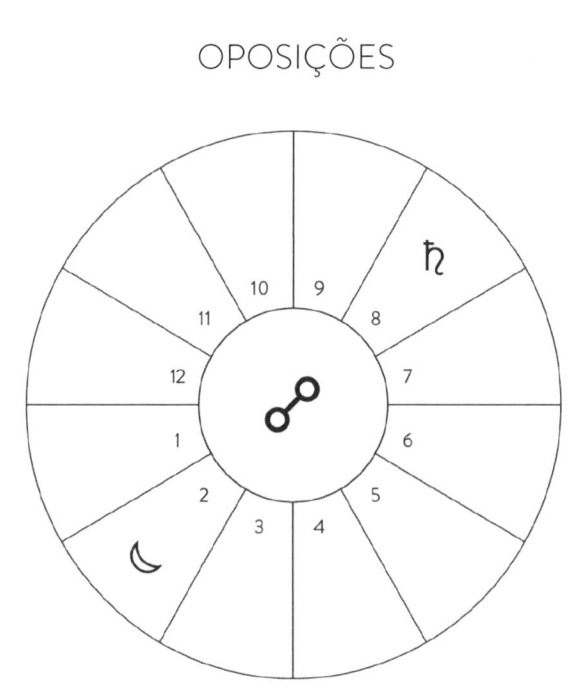

OPOSIÇÕES

A oposição com o Sol ocorre quando existe um planeta no signo oposto ao que ele está. A oposição é exata quando o planeta está a uma distância de 180 graus. As oposições nos desafiam, nos forçam a confrontar as coisas e nos pressionam a encontrar um equilíbrio, mesmo em tempos difíceis.

Seu Sol em oposição com...

- a **Lua** significa que você nasceu um pouco antes, durante ou logo depois de uma lua cheia. Você precisa expressar plenamente seu potencial no mundo desenvolvendo parcerias importantes e praticando a "polinização cruzada" em termos de criatividade.

- **Marte** pode fazer você se sentir como se tivesse perdido seu poder, sua energia, seu ímpeto e sua ambição por meio de experiências desgastantes, do ponto de vista físico ou psicológico. Para equilibrar isso, você precisa aprender a lidar com sua própria raiva, a gerenciar conflitos com consciência e a se proteger de danos quando e onde for possível.

- **Júpiter** pode criar uma dinâmica na qual você vive ultrapassando seus limites devido a altos e baixos extremos. Como se trata de Júpiter, um planeta naturalmente positivo, o aspecto não é tanto sobre obstáculos desafiadores, mas muito mais sobre os perigos de se cometer excessos.

- **Saturno** pode criar uma dinâmica em que parece que você vive em conflito com uma figura de autoridade (ou muitas), especialmente aquelas que são patriarcais. Encontrar maneiras de recuperar sua autoridade por meio de esforços disciplinados e habilidades aplicadas pode ajudar a superar os sentimentos de inadequação, vergonha, autocrítica e autoconsciência que essa oposição pode criar. Todos os aspectos difíceis de Saturno ficam mais amenos com a idade, pois Saturno exige maturidade.

- **Urano** pode trazer experiências de vida perturbadoras, colapsos nervosos, rompimentos, eventos traumáticos e guinadas que mudem o curso da sua vida. Algo emocionante, excêntrico ou experimental precisa ser integrado à sua personalidade.

- **Netuno** pode desafiá-lo com experiências que resultem em perda dos limites pessoais, de energia e de vitalidade. Ansiedade, depressão e desorientação são comuns, especialmente no início da vida. Esse é um aspecto que pode fazer você querer optar pelo escapismo em vez de responsabilidades, pela fantasia em vez da realidade e pelas ilusões em vez do que está à sua frente, tudo como um mecanismo de enfrentamento. Integrar suas sensibilidades, por sua vez, pode ajudá-lo a desenvolver poderes psíquicos ou talentos artísticos, uma compreensão da dor dos outros e uma consciência aguda da interconectividade de todas as coisas.

- **Plutão** conecta você com fontes de energia que podem parecer descomunais. Plutão, sendo o Deus do Mundo Subterrâneo, nos diz algo sobre o que acontece fora da vista do público. Crimes, abusos de poder e segredos são temas que uma pessoa com uma oposição entre o Sol e Plutão pode precisar combater. Talvez você mesmo passe por essas experiências ou sinta o desejo de investigar o que é tabu ou tenha que lidar com muitos acontecimentos extremos na vida. Você precisa aprender como superar suas obsessões e seu desejo de controlar a vida, em vez de canalizar essa energia para um trabalho que pareça profundo, catártico e transformador.

Fusões

CONJUNÇÕES

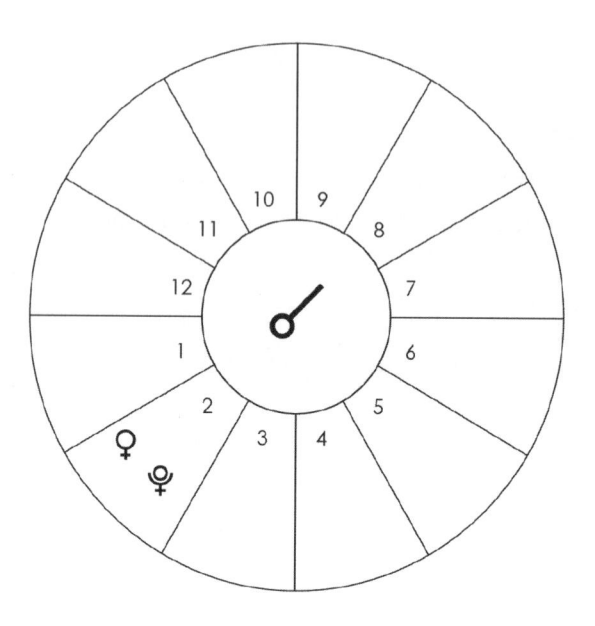

Um planeta forma uma conjunção com o seu Sol quando está no mesmo signo que esse astro. Isso resulta numa combinação de energias, que podem ser positivas ou negativas, dependendo do planeta em questão.

Seu Sol em conjunção com...

- a **Lua** significa que você nasceu logo antes, durante ou depois de uma Lua Nova. Esse posicionamento o leva a agir de acordo com seus próprios instintos e você sentirá como se já tivesse feito isso antes (se você nasceu pouco antes de uma Lua nova, quando esse satélite está num grau anterior ao do Sol) ou como se isso fosse uma total novidade para você (se a Lua estiver exatamente no mesmo grau que o Sol ou num grau posterior a ele). Ambos os posicionamentos exigem que você confie nas suas respostas intuitivas à vida.

- **Mercúrio** é um aspecto muito comum, porque esse planeta só pode estar, no máximo, a 28 graus do Sol. Essa combinação pode criar um canal claro e consistente entre o seu senso de identidade e o estilo pelo qual você se comunica com o mundo.

- **Vênus** é incrivelmente favorável para o Sol. Esse planeta concede a ele uma agradável simpatia, charme e facilidade para trabalhar com a energia erótica e criativa. Isso fica ainda mais intenso se o Sol e Vênus estiverem em Touro, Libra, Peixes ou Leão.

- **Marte** pode ser um aspecto difícil para o seu Sol integrar, assim como seria uma conjunção entre Saturno e o Sol. Os atributos positivos de Marte são coragem, vitalidade, impulso e energia. As qualidades espinhosas de Marte têm mais a ver com raiva, violência e feridas, tanto psicológicas quanto físicas. Se você tem Marte em conjunção com o Sol, um dos principais obstáculos para viver o seu propósito é aceitar que parte desse propósito é ser controvertido. Se você conseguir aprender a canalizar sua competitividade para uma área que lhe seja útil, isso o ajudará imensamente. Esse é um aspecto um pouco menos desafiador para aqueles com Sol e Marte em Áries, Escorpião e Capricórnio.

- **Júpiter** é incrivelmente útil para o Sol. O entusiasmo de alguém com Júpiter em conjunção com o Sol é praticamente irreprimível. Otimismo, vitalidade, exuberância e positividade infundem sua personalidade, e você é filosófico e está sempre procurando ver as coisas de uma perspectiva maior. Essas características são mais pronunciadas se o Sol estiver em Sagitário, Peixes, Câncer, Leão ou Áries.

- **Saturno** significa que sua personalidade pode pender para o pessimismo. A propensão desse planeta para a tristeza e a melancolia pode ser uma nuvem escura que obscurece o desejo do Sol de irradiar seu brilho com ímpeto e intensidade. No entanto, ele também oferece a capacidade de fazer avaliações francas e honestas de uma situação. Para você é importante encontrar um trabalho significativo, ao qual você possa se dedicar. Saturno tende a ser injustamente severo e, com essa combinação, você pode ter que aprender a "pegar leve", caso contrário nada vai lhe parecer bom o suficiente, nem você mesmo. Essa combinação geralmente significa que você precisa moderar seus julgamentos, tendo mais compaixão por si e pelos outros. Esse aspecto fica menos desafiador com a idade, à medida que você vai adquirindo maestria e autossuficiência. Ele também causa menos estragos em Capricórnio, Aquário e Libra.

- **Urano** pode dar origem a uma personalidade inquieta, imprevisível, inconstante, inovadora e excêntrica. Como Urano fica cerca de sete anos num único signo, todos nascidos com o Sol nesse signo terão esse aspecto. É por isso que só o considero um aspecto dominante na personalidade e na vida se o Sol e Urano estiverem a 10 graus um do outro e no mesmo signo.

- **Netuno**, quando está a uma distância de até 10 graus do Sol, pode causar perda de identidade, pois Netuno se ajusta a tudo que está à sua frente. Incrivelmente poroso, você pode sentir uma identificação excessiva com as outras pessoas (ou vice--versa) e a necessidade de rever seus limites pessoais. Essa sensibilidade impressionante precisa ser canalizada para o trabalho profissional ou projetos que o ajudem a se conectar com causas maiores. Espiritualidade e vício, recuperação, cura, fantasia, arte e sonhos podem ajudá-lo a moldar o seu propósito de vida.

- **Plutão**, quando a uma distância de até 10 graus do Sol, cria uma personalidade intensa, que gosta de controlar. Quando você, por fim, aprende a lidar com essa combinação e a transformar o que é difícil no que pode ser usado como combustível, nada pode mais detê-lo. Pode ser necessário investigar muitos aspectos da vida relacionados ao Mundo Subterrâneo. Acumular recursos pode se tornar uma obsessão, se você confundir poder interior com poder aquisitivo.

Perguntas para reflexão

- Quais planetas estão ajudando o seu Sol a brilhar? Você sente a influência positiva desses planetas na sua vida? Você não leva em conta essas dádivas ou lhes dá pouco valor? Como você pode se apoiar para tirar o máximo proveito dessa facilidade que seu mapa lhe dá e aproveitar todo o seu potencial?

- Quais planetas estão obstruindo ou dificultando a capacidade do seu Sol de brilhar? Vale a pena conhecer melhor esses aspectos mais desafiadores? Até que ponto você se beneficia interpretando-os como obstáculos inerentes ao crescimento, que você é capaz de superar?

- O que você aprendeu sobre o seu Sol e precisa aceitar radicalmente para viver o propósito da sua vida?

Capítulo 4

A SEGUNDA CHAVE

A SUA LUA

Suas necessidades físicas e emocionais

A Lua sempre foi uma fonte evocativa e misteriosa de inspiração para a humanidade. A luz mais brilhante do céu, depois do Sol, a Lua é a nossa guia noturna, em constante mutação. Do ponto de vista astrológico, ela representa nossas necessidades, nossas vontades e nossos anseios. Representa nossas emoções inconstantes, nosso corpo, o corpo da pessoa que nos deu à luz, o modo como os nossos pais ou tutores cuidavam de nós e as histórias do nosso passado e da nossa linhagem familiar.

Assim como a Lua no céu, a Lua em nosso mapa reflete a luz do nosso Sol, o propósito da nossa vida. Ela nos diz como vivemos esse propósito no reino físico. Fala sobre a nossa experiência diária para manifestar nosso eu espiritual. É o reflexo da experiência da nossa alma encarnada num corpo.

Infelizmente, entender isso sem julgamento normalmente é difícil, porque vivemos numa cultura que julga o corpo. Por viver na supremacia branca, e na cultura preconceituosa, capacitista, machista, cisnormativa, transfóbica e classista que ela cria, somos muitas vezes convencidos a degradar nosso corpo. O capitalismo lucra com essa rejeição ao nosso corpo, convencendo-nos a investir nossa energia e nosso dinheiro na compra de produtos para mudar a nós mesmos.

Compreender mais a Lua em nosso mapa pode nos ajudar a dar sentido a algumas das experiências mais difíceis que temos com nosso corpo, talvez até nos ajudando a apreciá-lo um pouco mais.

Assim como o Sol, a Lua tem três características principais que você deve considerar ao tentar entender as condições físicas e emocionais de que precisa para cumprir o propósito da sua vida:

1. O signo em que ela se encontra (como você satisfaz as suas necessidades físicas e emocionais)

2. A casa em que ela se encontra (onde você satisfaz suas necessidades físicas e emocionais)

3. Outros planetas que estão "conversando" com a sua Lua (e afetando a sua capacidade de atender às suas necessidades físicas e emocionais)

Quando passamos a ter idade suficiente para atender às nossas próprias necessidades, cabe a nós encontrar o alimento pelo qual ansiamos. A Lua conta a história do que precisamos e de como precisamos. Essas informações podem nos ajudar a aceitar radicalmente quem somos e a cuidar melhor de nós mesmos. Se a sua Lua está num signo do elemento Ar, ela vai desejar conexão, conversa, relacionamentos (românticos ou não) e estímulo intelectual. Se a sua Lua está num signo de Terra, precisará construir algo de substância, trabalhar de maneira a obter resultados tangíveis e ter conforto material e físico. Nos signos de Água, a Lua precisa de nutrição emocional, precisa chorar, ter um lugar para expressar seus sentimentos e cultivar conexões emocionais. A Lua num signo de Fogo precisa de ação, de aventura e trocas apaixonadas diariamente.

Pontos-chave sobre a sua Lua para você lembrar

- A sua Lua representa suas necessidades físicas e emocionais, sua história, o modo como você se nutre e deseja ser nutrido e seu relacionamento com seus pais ou principal tutor. A Lua é o corpo que abriga a alma enquanto ela vive seu propósito.

- A Lua no seu mapa fala da sua experiência física diária.

- É por meio da Lua que o propósito de nossa vida se revela diariamente.

- O signo em que a sua Lua está, a casa em que ela está e os aspectos da sua Lua com outros planetas em seu mapa fornecem informações importantes sobre como você gosta de viver seus dias, quais atividades você precisa fazer no dia a dia e como cuidar melhor de si mesmo regularmente.

O SIGNO DA SUA LUA
COMO VOCÊ SATISFAZ SUAS NECESSIDADES FÍSICAS E EMOCIONAIS?

Em que signo a sua Lua está?

O signo em que a sua Lua está indica o estilo com o qual você demonstra suas emoções, atende às suas necessidades, cria conexões e vive a sua vida diária. Ela também indica como você encarava seus pais e tutores. Embora existam propriedades psicológicas associadas com cada signo da Lua, é importante lembrar que a Lua não tem a mesma força em todos os signos. Alguns signos são mais difíceis para ela, alguns são neutros e outros lhe dão grande conforto.

PRIMEIROS PASSOS COM O SEU MAPA

COMO ENCONTRAR A SUA LUA

Procure o símbolo ☾ no seu mapa
Essa é a sua Lua.

Em que signo a sua Lua está?
A minha Lua está no signo de _____.

Em que casa a sua Lua está?
A minha Lua está na Casa____, que representa _____.

ASPECTOS DA SUA LUA

Quando você calcular o seu mapa, vai poder ver quais planetas estão em aspecto com a sua Lua. Lembre-se, você pode não ter nenhum planeta em aspecto com a sua Lua. Por enquanto, não se preocupe em saber o que significa cada um desses aspectos. Apenas os observe, pois em breve analisaremos o significado de cada um deles em detalhes. Abaixo, preencha os espaços em branco que se aplicam a você.

Os planetas no mesmo signo que a minha Lua são _____.

Os planetas que estão em trígono com a minha Lua (a uma distância de 120 graus/quatro signos) são _____.

Os planetas que estão em sextil com a minha Lua (a uma distância de 60 graus/dois signos) são _____.

Os planetas que estão em quadratura com a minha Lua (a uma distância de 90 graus/três signos) são _____.

Os planetas que estão em oposição à minha Lua são _____.

Frida Kahlo tinha a Lua em Touro, o signo da sua exaltação. Nesse signo, a Lua precisa construir algo duradouro, bem elaborado e sensualmente agradável. Como a Lua está num signo onde ela se sente bem, sabemos que esse astro tem a capacidade de facilitar o cumprimento do propósito de vida com alguma confiança e reconhecimento.

Como Touro é um signo regido por Vênus, é conhecido por seu gosto pelas joias. Vênus adora ser adornada. O signo fixo de Terra é um amante das rochas, dos cristais e de todas as pedras que chamam a atenção e oferecem aterramento. Ostentando muitas vezes vários anéis, colares (Touro rege a garganta) e brincos, Frida Kahlo estava claramente vivendo sua Lua em Touro (com um toque condizente com seu ascendente em Leão). Frida usava roupas e joias como uma maneira de articular, explorar e lembrar o mundo da sua ascendência indígena e colonial, muitas vezes misturando peças exclusivas de ambas. Além disso, o corpo dela (a Lua) e o que aconteceu com ele costumavam ser tema do seu trabalho e às vezes até sua tela. Como a Lua também representa o nosso lar, o fato de a casa dela ter se transformado num museu da sua arte parece adequado para uma Lua em Touro, que apreciava o que é construído para durar.

Agora é hora de escolher sua própria aventura. Avance até a seção sobre o seu signo lunar.

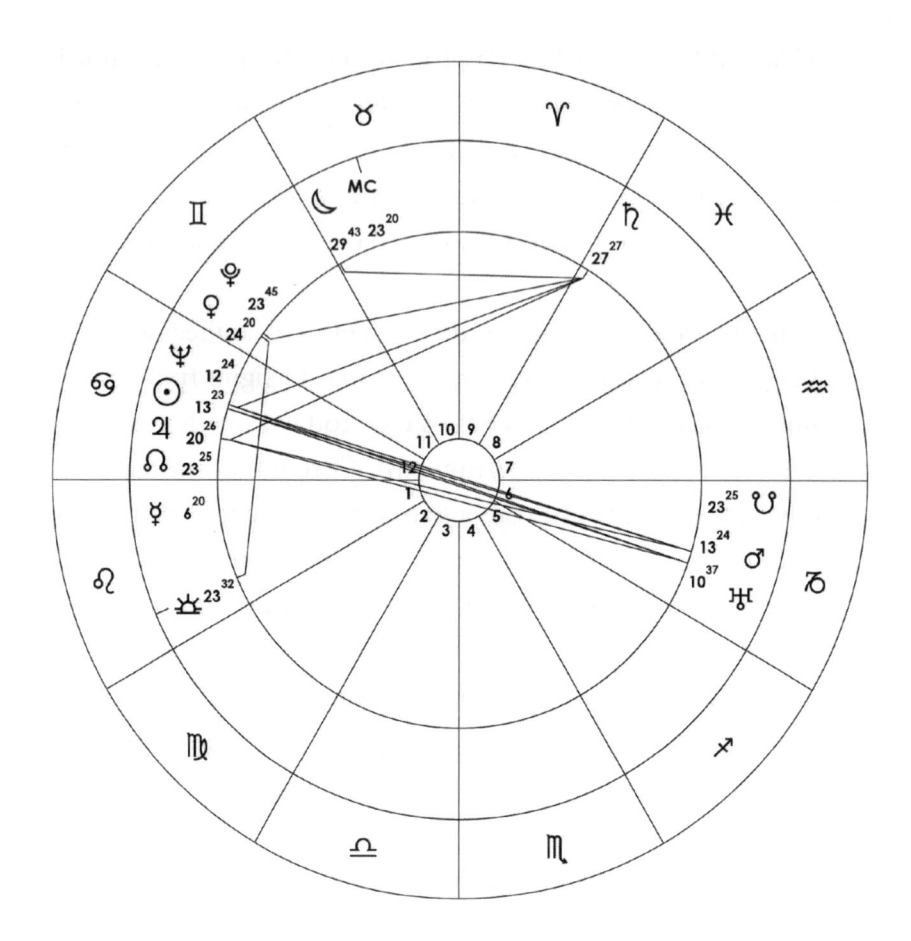

MAPA ASTRAL DE FRIDA KAHLO

Data e horário de nascimento: 6 de julho de 1907, 8h30
Localização: Coyoacán, Cidade do México, México

LUA EM ÁRIES
♈ ☾

A Lua em Áries, um signo cardinal do elemento Fogo, é voltada para a ação. A vida diária provavelmente será uma aventura. Agir pode ser uma forma de cuidar de si mesmo. Tomar iniciativas pode ser uma maneira de ajudá-lo a se sentir seguro no mundo. Aceitar desafios é necessário para que você se sinta vivo e cheio de energia.

Com esse posicionamento, a independência e a liberdade são imprescindíveis para você se sentir emocionalmente centrado, embora o nível de independência de que você precisa pode variar muito, dependendo dos outros elementos do seu mapa. Encontrar uma maneira de liberar regularmente seu excesso de ardor pode ser importante para o seu bem-estar emocional. Os sentimentos podem se inflamar, mas por pouco tempo, pois Áries muda rápido.

Com esse posicionamento, é comum que um dos pais ou tutores tivesse um temperamento explosivo, independente ou destemido. Que fosse alguém que não dependia dos outros para saber quem era e encorajava os filhos a fazer o mesmo. Ou ele também podia ser uma pessoa irascível demais para se aproximar de você da maneira que talvez você precisasse.

👁 *Afirmações*

- Reconheço minha necessidade de independência.

- Reconheço minha necessidade de competir comigo mesmo para alcançar meu melhor desempenho.

📝 *Perguntas para reflexão*

- Assumir riscos e viver aventuras são um modo de você cumprir o propósito da sua vida?

- O que você aprendeu sobre canalizar, expressar ou processar a raiva que sentia dos seus pais e tutores? O que você aprendeu sobre ser independente? O que você sempre quis fazer, ou acabou fazendo, por conta própria?

- Quando a sua competitividade o coloca em situações emocionalmente difíceis ou provoca mais separação do que você gostaria? Quem geralmente provoca essas situações, você ou as outras pessoas? Quando é que a competição lhe parece saudável e o inspira a dar o melhor de si?

LUA EM TOURO
♉ ☾

A Lua está exaltada em Touro, o que significa que tem força extra nesse signo e é capaz de fazer muito bem o seu trabalho de nutrir, criar laços, conceber e dar à luz (literal ou metaforicamente). Em Touro, a Lua precisa de confortos estáveis e confiáveis. Touro precisa construir, e a Lua sabe fazer isso nos relacionamentos, em casa e em todas as coisas que trazem uma sensação de segurança. Touro não é um signo preocupado com coisas abstratas; ele adora o literal. A Lua em Touro precisa de prazeres sensuais e se voltará para eles em tempos de insegurança e instabilidade emocional.

Como todos os planetas que estão exaltados, a Lua em Touro o ajuda a ser conhecido pela sua capacidade de manifestar seus talentos no plano físico. Incrivelmente resistente, nesse signo a Lua está num terreno sólido e fértil. Os planetas em sua exaltação tendem a chamar atenção por sua capacidade de cumprir seu dever. Aqui, a Lua é produtiva, generosa e regeneradora. Uma Lua em que os outros confiam. Em que se apoiam. Em que vão buscar seu sustento. Talvez isso seja pouco lisonjeiro, mas essa Lua precisa aprender a não se doar a todo coração faminto.

A Lua num signo regido por Vênus (Touro e Libra) sabe como estabelecer conexões. Em Touro, isso é feito por meio do desenvolvimento lento e constante de parcerias. Confiabilidade é algo que nunca tem fim quando se trata de Lua em Touro.

Um dos seus pais ou tutores podia ser forte e robusto, teimoso ou controlador. Alguém que era famoso ou infame por "mérito" próprio. Alguém que priorizava a segurança e a estabilidade acima de tudo.

👁 *Afirmações*

- Reconheço que preciso de estabilidade, segurança e consistência enquanto me aventuro a assumir riscos calculados.

- Eu sei que a minha força é considerada tranquilizadora, mas isso não significa que eu deva me doar mais do que eu posso.

📝 *Perguntas para reflexão*

- Sempre lhe dizem que você é alguém que todos procuram quando precisam de apoio? Em caso afirmativo, esse apoio sempre lhe custa o seu próprio bem-estar? Por ter bases sólidas e ser considerada uma pessoa forte, os outros não costumam perguntar se você precisa de alguma coisa?

- Você teve um pai ou uma mãe que se destacava por ter sempre os pés no chão, ser confiável ou muito teimoso? De que maneira você se adaptou ou herdou essas características dele ou dela? Qual dessas características ajudou você? Qual atrapalhou? Por quê?

- Você tende a precisar construir algo, trabalhar o tempo todo ou se dedicar a algo tangível quando se sente inseguro ou perdido? Fazer isso é, em parte, o modo como você vive o propósito da sua vida? No que você está trabalhando atualmente que parece estar em sintonia com a sua Lua em Touro?

LUA EM GÊMEOS
♊ ☾

A Lua em Gêmeos precisa se comunicar, processar e trocar os fatos e ideias que está o tempo todo coletando. Ela precisa acessar muitas fontes diferentes de informação. Precisa fazer perguntas. Estar sempre aprendendo, mudando e transpondo seus limites intelectuais.

Com uma simples conversa, a Lua em Gêmeos transmite segurança e faz com que as pessoas se sintam em casa. Ela se acalma por meio do aprendizado (este é o lado mais introvertido de Gêmeos) ou da comunicação (o lado mais extrovertido) e precisa recorrer tanto à intuição quanto à lógica. Você precisa de experiências interiores e exteriores para se equilibrar, mas pode se sentir compelido a manter contato constante com as outras pessoas, para se sentir seguro.

Se você tem a Lua em Gêmeos, um dos seus pais ou tutores podia ser mais expressivo do ponto de vista intelectual do que físico ou emocional. Ele podia ser carismático, inteligente, falante, pouco confiável ou inconsistente.

👁 *Afirmações*

- Honro minha necessidade de ter uma ampla variedade de relacionamentos.

- Honro minha necessidade de entender intelectualmente minhas emoções enquanto não me dissocio da sensação que elas provocam em mim.

📝 *Perguntas para reflexão*

- Você acha que, quando se sente incerto, inseguro ou sem chão, em algum sentido, aprender alguma coisa nova ou ter uma boa conversa o ajuda a se sentir melhor? Se a resposta é sim, que tipo de informação parece mais reconfortante para você?

- Você em geral precisa ter à disposição uma diversidade de opções, relacionamentos e interesses para sentir que suas necessidades estão sendo atendidas? Até que ponto isso está relacionado à sua infância ou à sua criação? Isso faz parte do modo como você cumpre o propósito da sua vida?

- Um de seus pais era particularmente curioso, intelectual, sociável ou enganador? Como isso afetou você?

LUA EM CÂNCER

♋ ☾

Em Câncer, seu próprio signo, a Lua alimenta as massas. Nesse signo, a Lua é forte, extrema em seus significados e inegável em seu poder. A Lua em Câncer precisa nutrir as pessoas tanto quanto elas precisam do alimento que essa Lua lhes dá. Para se sentir segura no mundo, a Lua em Câncer desenvolve laços emocionais, em muitos casos tão fortes quanto os laços de sangue. A segurança vem da conexão com as outras pessoas, mas isso também pode ter um custo. Essa Lua pode se perder cuidando dos outros e se esquecer de que suas próprias necessidades são tão válidas quanto as de qualquer outra pessoa.

Extremamente sensível, empática e intuitiva, você capta e, provavelmente, absorve as emoções não processadas das outras pessoas. Aprender a se desprender da energia que você absorveu dos outros é uma tática que pode salvar a sua vida.

A sua oscilação de humor é muitas vezes o indicador de que você foi além dos seus limites emocionais. Para voltar a se equilibrar, você provavelmente precisará de um local seguro que possa chamar de lar, uma concha onde possa se refugiar e um santuário onde se purifique dos detritos do sofrimento humano.

Como a Lua está em seu lugar de poder, pode haver uma sensação de facilidade ou abundância no plano material, especialmente em relação à casa em que ela está. Como esse é um posicionamento dominante, você também pode sentir mais compatibilidade com a sua Lua do que com o seu Sol. Questões relacionadas à Lua em geral (nutrir, cuidar do outro, cuidar de tudo, criar vínculos, escrever e circular pelo mundo) podem se destacar na sua vida.

Com esse posicionamento, é comum um dos pais ou tutores ser alguém extremamente carinhoso, acolhedor ou superprotetor. A Lua em Câncer pode indicar que um dos seus pais ou seu tutor foi uma figura dominante em sua criação. Podemos dizer isso de todas as pessoas que cuidam de outras, mas, se você tiver uma Lua em Câncer, pode se sentir particularmente ligado às lições e aos ensinamentos que recebeu dos seus pais.

👁 *Afirmações*

- Minhas necessidades são tão importantes quanto as de qualquer outra pessoa, e eu cuido com zelo do meu eu espiritual, intelectual e físico.

- Não há problema em deixar o meu passado para trás.

📝 *Perguntas para reflexão*

- Em que área da sua vida você se sente mais confiante ou talentoso? Na próxima seção, verifique se essa área está relacionada à casa em que a sua Lua está.

- De que modo você costuma cuidar das outras pessoas? Esses cuidados fazem parte do modo como você cumpre o propósito da sua vida?

- Um de seus pais foi uma figura excepcionalmente marcante em sua vida? Em caso afirmativo, de que modo ele foi importante para o seu desenvolvimento? As necessidades emocionais do seu pai ou mãe o sobrecarregavam?

LUA EM LEÃO
♌ ☾

A Lua em Leão precisa de atenção, aplausos, apreço e reconhecimento em sua vida e sua experiência cotidianas. Ela precisa se expressar de modo criativo e empreender ações inspiradas. Pode ter sido difícil cultivar sua própria autoestima numa fase anterior da sua vida, sem que você tivesse uma plateia, mas aprender a apreciar e aplaudir a si mesmo é necessário.

Sua Lua em Leão precisa brilhar, e faz parte desse processo de aprendizado encontrar o melhor palco para o seu estrelato. Essa Lua tem uma qualidade especial, e isso a torna atraente para muitos, mas nem todo tipo de celebração alimenta a sua alma. Se você se sentia envergonhado ou carente no início da vida, hoje pode fazer tudo para chamar atenção, atraindo-a inconscientemente, sem ter certeza do que significa quando a recebe.

Você também pode se sentir culpado ou desconfortável quando recebe os elogios que oferece aos outros, pois isso não é algo sobre o qual você necessariamente tenha controle, mas é algo de que precisa. Algumas pessoas com esse aspecto podem ficar viciadas na sensação e no estímulo emocional provocados pelos elogios. Você pode ser bom em atrair a atenção dos outros, mas, sem ela, pode perder um pouco do seu senso de identidade.

Você vive seu cotidiano com um estilo confiante e, mesmo que não se sinta confiante, quase sempre aparenta força emocional. Você precisa, no entanto, se afastar da plateia ocasionalmente e se certificar de que está sendo fiel à sua própria história.

Um dos seus pais ou tutores podia ser alguém empolgante, glamoroso, autoritário, egocêntrico, ter um ar de celebridade ou só se preocupar com ele mesmo. Pode ser necessário recuperar seu próprio eu, sufocado pela personalidade opressora de um dos seus pais ou tutores, principalmente se ele tinha um temperamento irascível, que fosse inspirador, do ponto de vista criativo, mas acalorado demais.

👁 *Afirmações*

- Aplauso é algo de que preciso, mas primeiro busco minha própria aprovação.
- Sou uma pessoa amável e que merece de atenção, não importa quem esteja me observando.

📝 *Perguntas para reflexão*

- Você tem um talento natural para fazer as pessoas rirem, para deixá-las à vontade ou para chamar atenção para as coisas que faz? Como você se sente quando isso acontece?
- Você é naturalmente aberto à ideia de liderar e brilhar nas posições que assume? Isso faz parte do modo como você cumpre o propósito da sua vida?
- Seu pai, mãe ou tutor era alguém especialmente dramático, glamoroso ou com sede de aplausos? Se a resposta é sim, como você se sentia?

LUA EM VIRGEM
♍ ☾

A Lua geralmente se sai bem em Virgem. Confortável no frescor desse signo de Terra, a Lua em Virgem serve à vida e às outras pessoas sendo útil. Ela se sente segura e em casa trabalhando arduamente, aprendendo, desenvolvendo suas habilidades, prestando serviços, digerindo informações e analisando dados. Virgem precisa limpar, iluminar, organizar, purificar e manter as coisas em boas condições de trabalho para se sentir emocionalmente equilibrado. Uma breve faxina na mente, no corpo ou na casa pode contribuir muito para acalmar os nervos da Lua em Virgem. Essa Lua precisa de um ritual. O processo de aperfeiçoar qualquer coisa, seja ele regular ou não, pode ser reconfortante para essa alma.

Como essa Lua é adepta da crítica, quando (ou se) essa energia de criticismo se volta para si própria ou para aqueles que o rodeiam, os resultados podem ser desastrosos. Virgem distorcida é capaz de deixar algo em pedaços em busca de uma solução, acabando com nada além de sentimentos feridos e um organismo desgastado.

Você pode ficar obcecado com a busca pela perfeição, negando a si mesmo o direito e a beleza de ser humano. O trabalho da sua vida é aprender a canalizar essa energia para o desenvolvimento de habilidades e de rituais que amenizem sua autocrítica. Como Virgem está sempre sintonizada com o que não funciona, sua Lua é especialmente hábil em entender os ritmos, sistemas e modos pelos quais a cura ocorre naturalmente.

Você pode ter tido um pai, mãe ou tutor muito cuidadoso com a saúde, bem versado nas artes da cura, introvertido, excessivamente crítico ou incapaz de se aceitar. Se for esse o caso, você pode querer analisar como isso afetou seu próprio senso de identidade.

👁 Afirmações

- Eu me dou o direito de cometer erros, aprender e tentar novamente.

- Não preciso compreender minhas emoções para aceitá-las.

📝 *Perguntas para reflexão*

- Você tem o hábito de tentar consertar, ajustar ou mudar a si mesmo quando algo fora de você não está funcionando? Na infância, você tinha um pai ou uma mãe que o criticava ou havia outras pessoas por perto que faziam você sentir que precisava se ajustar para não ser criticado?

- Você tem talentos especiais para lidar com ervas, tratamentos naturais, modalidades de cura ou diferentes formas de purificação da mente, do corpo ou do sistema emocional? Quais?

- Em que seus talentos para editar, eliminar, organizar, escrever e comunicar o ajudam? Eles fazem parte do modo como você cumpre o propósito da sua vida?

LUA EM LIBRA
♎ ☾

A Lua em Libra precisa, todos os dias, criar beleza, trazer paz ou cooperar para que a justiça seja feita. Essa Lua sabe perfeitamente bem quando as coisas estão fora de equilíbrio. A discórdia gerada pela injustiça é sentida no âmago do seu ser. Parte da sua estratégia para recuperar a calma é fazer o necessário para que os relacionamentos voltem a ser harmoniosos. Seja com cores, sons, texturas, palavras ou parcerias com outras pessoas, essa Lua propicia o temperamento de um pacificador.

Você é especialista em estabelecer conexões, fazer com que os outros se sintam bem cuidados e estender a mão aos necessitados. Você atende às suas próprias necessidades, em parte, sendo agradável.

Porém, quando você depende emocionalmente da parceria com outras pessoas, pode se sentir muito ansioso quando surgir algum conflito necessário. Você pode ser tão sensível a desacordos que se ajusta da maneira que for preciso para compensar.

Ter dificuldade para confrontar as pessoas que você ama não é nenhuma surpresa para alguém com essa Lua, que também se sente atormentada quando precisa escolher entre duas opções, pessoas ou pratos principais no jantar. Lembrar-se de priorizar suas necessidades acima de tudo deve ser uma prática diária.

Um dos seus pais ou tutores podia sentir dificuldade para lidar com o confronto, viver preocupado com as aparências ou ser extremamente agradável e sociável. Você também pode ter aprendido a ser agradável para compensar a falta de tato dele.

👁 Afirmações

- Os desacordos fazem parte do processo de paz.

- Eu me preocupo com as minhas necessidades para ser um parceiro melhor para todos que fazem parte da minha vida.

📝 Perguntas para reflexão

- O que o ajuda a se lembrar de que o conflito é uma parte necessária da vida?

- Em que área da sua vida você procura a justiça como uma prática diária? Em que área da sua vida você cria a beleza como uma prática diária? Isso faz parte do modo como você cumpre o propósito da sua vida?

- Um dos seus pais ou tutores era avesso à discórdia, ensinou você a ser "bom" ou "simpático" ou era alguém cuja companhia era boa e agradável?

LUA EM ESCORPIÃO
♏ ☾

A Lua busca conforto, estabilidade e segurança. Ela gosta de estar num signo que propicia uma sensação de firmeza e descontração. Ela quer se sentir em casa e celebrar o mundano. Escorpião boceja diante de tanta simplicidade...

No signo intenso, extremo e resiliente de Escorpião, a Lua está em queda. Isso não significa que a sua vida será difícil, mas você terá que cavar fundo e transformar sua dor em propósito.

A Lua em Escorpião descobre o propósito da sua alma de maneiras que podem evocar emoções intensas, criando laços afetivos profundos, transformadores e, às vezes, possessivos (tanto da sua parte quanto da parte das outras pessoas). Quando distorcida, essa Lua pode teimar em manter o controle, em vez de encontrar maneiras de processar emoções difíceis para permitir novas experiências.

Você tem a capacidade de superar dificuldades e suportar a intensidade emocional e situações extremas com mais facilidade do que a maioria. Você entende por natureza todo tipo de abuso, infortúnio e dificuldade, conferindo-lhe profundidade, sensibilidade e resistência emocional impressionantes.

Essa Lua pode representar uma mãe ou um pai emocionalmente poderoso, autoritário, manipulador, obstinado, resiliente, engenhoso, magnético ou uma combinação de tudo isso. Como Escorpião lida com a morte, a perda e a transformação, às vezes ter a Lua nesse signo indica que você pode ter vivido essas questões na infância ou as considera assuntos do seu interesse ou sua experiência profissional.

👁 *Afirmações*

- Minha profundidade de sentimentos é um recurso que pode me ensinar a ter compaixão pelos outros.

- Reconheço minha intensidade; ela é uma fonte de energia criativa que posso canalizar de mil maneiras diferentes.

📝 *Perguntas para reflexão*

- O que o ajuda a processar suas emoções mais intensas? Até que ponto sua necessidade de manter o controle obstrui essa sua capacidade?

- As experiências emocionais intensas fazem parte do modo como você cumpre o propósito da sua vida?

- Um dos seus pais ou tutores teve um problema especialmente difícil ou que foi ignorado ou desrespeitado de alguma forma?

LUA EM SAGITÁRIO
♐ ☾

A Lua em Sagitário busca o que precisa com destemor. Ela cuida de si mesma entrando em ação. Ela se nutre perseguindo a verdade.

A Lua em Sagitário precisa de aventura. Ela se sente confortada quando está às voltas com viagens, saltos de fé, novas ideias, estudos filosóficos e qualquer coisa que a ajude a se sentir expansiva, cheia de vida, em movimento.

Seu otimismo a torna resiliente. Você sobrevive buscando o que há de melhor em pessoas, lugares e situações. Você se conecta com outras pessoas por meio da positividade e precisa se sentir crescendo e se desenvolvendo todos os dias.

Se a sua Lua estiver em Sagitário, você viverá bem se deixar que suas inspirações, ideias e intuição norteiem sua vida. Você pode ser extremo em suas reações emocionais e sentir a necessidade de se atirar de cabeça antes de realmente pesar as consequências, especialmente se estiver tentando evitar alguma coisa.

Um dos seus pais ou tutores pode ter sido estudioso, viajado, aventureiro ou um espírito livre. Na infância, você podia sentir que ele vivia ocupado demais com coisas importantes para se interessar pelas suas necessidades de criança. A Lua em Sagitário às vezes pode indicar pais ou tutores fanáticos em suas ideologias ou crenças religiosas.

Afirmações

- Eu amplio as minhas opções sempre que ouço minha intuição.

- Acredito na abundância da minha vida.

Perguntas para reflexão

- Viajar, aprender e fazer coisas espontâneas ajudam você a se equilibrar emocionalmente? Isso faz parte de como você vive o propósito da sua vida?

- Você se sente mais seguro quando também se sente livre? O que significa para você "se sentir livre"? Em que situações você se sente injustamente limitado ou restringido?

- Um de seus pais ou tutores tinha uma importância descomunal para você, tinha muita cultura ou precisava de muita liberdade? Que significado você dava a isso quando era mais jovem?

LUA EM CAPRICÓRNIO
♑ ☾

Nesse signo, a Lua se sente segura realizando tarefas, alçando novas alturas e provando ser um membro responsável, confiável e produtivo da sociedade.

A Lua em Capricórnio pode fazer seu dever antes de cuidar de si mesma, mas, como acontece com qualquer outro posicionamento da Lua, ela pode aprender a agir de modo diferente. Na tentativa de garantir sua segurança na vida, a Lua em Capricórnio trabalha mais do que o esperado, se esforçando até que se sinta esgotada (embora sua resistência possa ser lendária).

Extremamente autossuficiente, a Lua em Capricórnio se sente segura quando está no controle da situação. Austero e esforçado, esse signo regido por Saturno pode usar a autonegação como mecanismo de enfrentamento e, em alguns casos, como uma forma de cuidar de si mesmo. Você pode se privar das coisas para se sentir bem. A restrição pode parecer compensadora, mas deve ser equilibrada com um entendimento preciso do que você precisa conceder a si mesmo.

Você pode ter dificuldade para encontrar conexões que sejam fáceis. Um sentimento de que falta algo pode permear a sua vida, especialmente na infância. Confortos emocionais e físicos podem parecer insuficientes ou estar completamente ausentes.

Como a Lua rege o eu físico, você pode ter dificuldade para aceitar seu corpo, conectar-se com ele ou nutri-lo.

Os limites são importantes para a sua Lua. Do ponto de vista emocional, pode haver partes de você que poucas pessoas (para não dizer ninguém) conseguem vislumbrar, mas quem conseguir será sagrado para você. Mesmo com uma consciência aguda das realidades sombrias e desoladoras da vida, você pode ter um incrível senso de humor e lidar com emoções dolorosas e delicadas de maneiras muito prática.

Um dos seus pais ou tutores talvez costumasse viver sobrecarregado de responsabilidades ou tradições, para poder cuidar de você. O trabalho de uma Lua em Capricórnio é entender onde a carência de amor e atenção ocorreu, para que sejam possíveis a reparação dos danos e a compensação das faltas que você sofreu no início da vida. Tenha você convivido com pais ou tutores responsáveis, confiáveis e realizados, ou muito fora de contato com a própria vida emocional para reconhecer as suas necessidades emocionais, você precisa, em ambos os casos, aprender a substituir as restrições por conforto, seja o que for que isso signifique para você.

👁 *Afirmações*

- Prometo ser gentil comigo mesmo.

- Sempre que me sinto vazio, faço uma pausa para me recompor.

📝 *Perguntas para reflexão*

- Por que você se sente culpado sempre que pede algo aos outros? Isso é decorrência de algo que você viveu na infância ou com um dos seus pais ou tutores? Como você pode promover sua própria cura nesse sentido?

- Ser pragmático e voltado para a realização de tarefas é um tema central na sua vida?

- Um dos seus pais ou tutores vivia sobrecarregado com responsabilidades ou era incapaz de atender às suas necessidades emocionais? Que significado isso tinha para você?

LUA EM AQUÁRIO
♒ ☾

A Lua em Aquário precisa de espaço. Nesse signo ela se nutre aprendendo, se comunicando e entendendo os sistemas em que vivemos, o modo como eles funcionam e qual a melhor forma de inová-los.

Essa Lua precisa ser compreendida e intelectualmente desafiada para se sentir segura, do ponto de vista emocional. Ela sente segurança praticando o desapego e precisa encontrar conclusões lógicas para os problemas do coração, o que é difícil quando se está tão mergulhado na emocionalidade. Essa Lua precisa de uma certa distância para clarear as ideias e encontrar as soluções necessárias. Uma incrível teimosia pode entrar em cena com esse posicionamento da Lua, impedindo que ela flua suavemente com os fluxos e refluxos da vida emocional. As outras pessoas podem ver você como alguém distante emocionalmente, mas ninguém deve confundir o estilo da sua Lua com falta de sentimento. As emoções existem, mesmo que longe da superfície. Sentimentos não são fatos, mas eles podem levar você à sua verdade.

A Lua em Aquário quer encontrar soluções que funcionem para todos os envolvidos e muitas vezes pode ignorar suas próprias necessidades para alcançar uma espécie de igualdade. Mas nada pode ser justo se você está negando intencionalmente seus sentimentos. Seu trabalho é aprender a dar espaço à sua própria experiência emocional e valorizar seu corpo, seu coração e sua alma tanto quanto sua mente e seu intelecto.

Um dos seus pais ou tutores pode ter sido inteligente, emocionalmente reservado, frio ou o tipo de pessoa que faz questão que as coisas sejam do jeito dela.

Afirmações

- Estou aberto à sabedoria que vem à tona quando consigo fazer uma pausa para perceber como eu me sinto.
- Dou a mim mesmo o espaço de que preciso.

Perguntas para reflexão

- Você costuma afastar os outros quando seus sentimentos ameaçam engolfar você?
- Você acha que, em parte, você cumpre o propósito da sua vida quando manifesta seus talentos intelectuais?
- Um dos seus pais ou tutores era conhecido pela sua inteligência ou atitude emocionalmente reservada? Que significado isso tinha para você? O que isso lhe ensinou sobre como superar emoções difíceis?

LUA EM PEIXES

♓ ☾

Sua Lua em Peixes quer ajudá-lo a cumprir o propósito da sua vida incutindo, na sua vida diária, o poder da sua imaginação, sensibilidade, criatividade e compaixão. Sua Lua imbuirá o mundano com uma sensibilidade fantástica ou profundamente empática – que é, em parte, como você atende às suas necessidades emocionais e se sente seguro. A Lua em Peixes quer se fundir com outras pessoas ou fugir quando as situações ficam difíceis. Isso pode ser frustrante para pessoas que se sentiram acolhidas pelo seu jeito compreensivo. Nesse signo, sua Lua quer refletir para os outros seus sentimentos e sua beleza, mas evita toda e qualquer restrição em seu direito de ir e vir. O peixe é bom nadando, não parado.

Com esse posicionamento, muitas vezes é muito tentador escapar dos limites da vida cotidiana. Sua Lua provavelmente se sairá bem nos ambientes que incentivam a intuição, a sensibilidade, a imaginação e a criatividade.

Como forma de se proteger, você pode manter distância, se afastar ou dar adeus quando os outros menos esperam. Música, movimento, arte, criatividade e qualquer trabalho ou empreendimento de cura o ajudam a canalizar sua Lua em Peixes. A Lua nesse signo pode precisar de muitas maneiras de manifestar seus talentos durante o dia. Peixes sempre quer uma grande variedade de oportunidades e prazeres. Essa Lua quer ter muitas opções diariamente.

Extremamente empático e atento ao sofrimento dos outros, você pode se perder na dor que sente no mundo ao seu redor. Essa Lua pode agir como um bálsamo restaurador para muitos, mas muitas vezes em seu próprio detrimento. Seus limites são o melhor atributo que ela pode reforçar. Para ajudar os outros é necessário que você saiba por onde começar e até aonde ir.

Um dos seus pais ou tutores talvez fosse extremamente criativo, sensível e atencioso, emocionalmente dependente de você ou propenso a se fazer de mártir. Pais ou tutores com dependência e problemas de saúde mental também podem ter feito parte da sua infância.

Afirmações

- Respeito meus limites, compartilhando o que tenho em excesso e ficando com o que preciso para mim.

- Posso captar a dor de outras pessoas sem absorvê-la.

Perguntas para reflexão

- O que o ajuda a se manter centrado e a não ultrapassar os seus limites quando aqueles ao seu redor estão sofrendo?

- Como sua sensibilidade o ajuda a cumprir o seu propósito de vida?

- Um dos seus pais ou responsáveis abusava de substâncias químicas, não tinha boa saúde mental ou mostrava ser muito criativo e intuitivo com relação às necessidades das outras pessoas?

A CASA DA SUA LUA
ONDE VOCÊ SATISFAZ SUAS NECESSIDADES FÍSICAS E EMOCIONAIS?

Em que casa a sua Lua está?

A casa em que a sua Lua está é onde você encontra conforto, onde você se abastece e onde precisa se conectar de maneira significativa com o propósito da sua vida. A casa em que a sua Lua está é uma das áreas mais importantes da vida para você entender, viver conscientemente e com a qual estabelecer um relacionamento. Como a Lua explica seus pais e tutores, a casa em que ela está revela algo da sua infância, a pessoa que gerou você e sua linhagem familiar.

Com uma Lua exaltada em Touro, na Casa 10, da carreira e dos papéis na sociedade, Frida Kahlo tinha um de seus principais planetas ajudando-a profissionalmente. Começando a trabalhar na área da sua vida em que era mais visível, Frida conseguiu, apesar das suas muitas dificuldades, garantir um lugar seguro no mundo, graças à sua Lua exaltada na Casa 10. Um único planeta em exaltação tem a capacidade de abençoar a casa em que ele está e facilitar os assuntos associados. Frida precisava viver o propósito da sua vida e encontrar conforto emocional e físico (a Lua) construindo e defendendo (Touro) um corpo de trabalho que se tornaria um monumento e um testemunho da vida dela (a Casa 10). Como mencionado anteriormente, a casa de Frida Kahlo foi o local em que ela criou a maioria de suas obras de arte e veio a se tornar o seu próprio museu. A dor e a beleza da sua existência física (a Lua) eram o tema mais comum do seu trabalho, e sua carreira foi um dos lugares em que a vida lhe concedeu algumas facilidades e muito sucesso.

🗺️ *Agora é hora de escolher sua própria aventura. Avance até a seção sobre a casa em que a sua Lua está.*

LUA NA CASA 1

☾

A Casa 1 é a casa da identidade, do eu, do corpo, da aparência, da vitalidade, do caráter e da força de ânimo. Pelo fato de essa casa ser uma das mais proeminentes do mapa, a Lua nessa casa faz dela um planeta muito ativo na sua vida.

Esse posicionamento pode aumentar sua sensibilidade, fazendo de você alguém com um dom natural para incentivar as outras pessoas e cuidar delas. Nutrir os outros do ponto de vista emocional, físico e espiritual é provavelmente uma segunda natureza para você. Nessa casa, a Lua pode criar uma personalidade que reflete os outros de volta para eles próprios. Essa pode ser uma experiência intensa ou tranquilizadora, dependendo do signo em que a Lua está, mas é atraente de qualquer maneira.

Em constante troca com aqueles ao seu redor, a Lua na Casa 1 quer dar e receber informações. Altamente responsiva às condições ambientais, nessa casa a Lua é impressionável, temperamental e mutável. Ter a Lua nesse posicionamento significa que você cumpre parte do propósito da sua vida desenvolvendo a si mesmo.

📝 *Perguntas para reflexão*

- Você é alguém que deixa transparecer suas emoções?

- As pessoas costumam lhe dizer que você lhes mostra um reflexo delas mesmas, zela por elas ou as conforta?

- Você tende a focar na sua aparência quando está de baixo astral, pouco à vontade ou inseguro?

LUA NA CASA 2

☾

A Casa 2 é a casa dos meios de subsistência, dos bens, dos recursos móveis, da autoestima e da autoconfiança.

Ter a Lua na Casa 2 significa que você precisa descobrir e viver uma parte do propósito da sua vida procurando entender como tirar o melhor proveito dos seus recursos, dos seus ativos internos e externos, do seu dinheiro, das suas propriedades e das questões relacionadas ao valor pessoal.

Nessa casa, a Lua quer se sentir segura desenvolvendo seus recursos e conservando-os. Você pode achar que precisa ter acesso a mais bens materiais ou se cercar de mais conforto material para se sentir seguro e protegido. Seu trabalho pode ter algo a ver com fertilidade ou infertilidade, concepção, mulheres, a Deusa, pessoas em não conformidade de gênero, mulheres homossexuais que exibem uma identidade feminina, prestação de cuidados, cuidado de crianças, nutrir outras pessoas, escrever ou se comunicar.

Perguntas para reflexão

- Que importância tem o desenvolvimento dos seus recursos para o propósito da sua vida?

- Como era o relacionamento dos seus pais com o dinheiro quando você era criança? Qual é a sua primeira lembrança relacionada a dinheiro?

- O seu trabalho tem a ver com corpo, fertilização, prestação de cuidados, cultura da deusa ou redação de textos? Se a resposta é sim, em qual dessas áreas você acha que é particularmente qualificado? Quando foi a primeira vez que você percebeu isso?

LUA NA CASA 3

☾

A Casa 3 é a casa dos irmãos e das irmãs, da família em geral, da comunicação, dos rituais diários, dos planos de curto prazo, das viagens curtas e dos vizinhos. Também é conhecida como o templo da Lua ou da Deusa. A Casa 3 é a casa da alegria da Lua, o que faz com que a Lua seja especialmente forte nessa casa. Aqui a Lua ajuda você a se conectar com muitas pessoas, ideias, conversas, rituais e práticas espirituais ou sentimentos. Esse posicionamento da Lua quer que você viva o propósito de sua vida escrevendo, ensinando, aprendendo ou trabalhando com práticas divinatórias.

O movimento pode ser um aspecto importante para você viver o propósito da sua vida, com o ensino, a circulação de informações e o cuidado e a dedicação a outras pessoas como parte da sua rotina diária.

Você pode precisar de muita estimulação mental, informações e dados, especialmente ao se sentir inseguro ou incerto. Você também pode ter relacionamentos importantes com irmãos, parentes e amigos próximos com quem você compartilha laços familiares.

📝 *Perguntas para reflexão*

- Você vive o propósito da sua vida por meio do que escreve, fala ou ensina?

- Que papel representam seus irmãos, primos, parentes em geral e amigos próximos na sua vida?

- Você criou ou cuidou de algum irmão?

LUA NA CASA 4

☾

A Casa 4 é a que diz respeito ao lar, à família, aos tutores, aos pais e aos avós. A Casa 4 é a base da nossa vida, o começo e o fim de todas as coisas.

Com a Lua nessa casa, você precisa viver seu propósito dando um alicerce à sua vida. O lar da sua infância pode ou não ser um refúgio para você, mas criar esse espaço é de suma importância. Como ambas, a Lua e a Casa 4, estão interessadas na nossa história e no nosso passado, você pode ser particularmente hábil em estudar ou entender a ancestralidade, histórias de origem e a história da humanidade. Muitas vezes, quando a Lua está nessa casa, ela pode indicar um interesse em trabalhar com famílias, residências, imóveis ou o ambiente doméstico em geral.

📝 *Perguntas para reflexão*

- Como o fato de estar próximo da família (escolhida ou não) afeta a sua sensação de bem-estar? Na sua vida, o que tende a ir muito melhor quando você se sente conectado a um grupo de pessoas que considera sua família?

- Seus antepassados são, para você, um tema de estudo, algo com que busca se relacionar ou com o qual se sente conectado? Até que ponto a ancestralidade aparece em sua vida, em seu trabalho ou em seus relacionamentos? Como o estudo da sua linhagem familiar influencia o propósito da sua vida (ou poderia influenciar)?

- Que parte do seu trabalho envolve famílias, ambientes domésticos, habitação, ou tem a ver com os fundamentos básicos da vida, num sentido literal ou simbólico? Em que aspecto desse trabalho você é particularmente bom?

LUA NA CASA 5

☾

Com a sua Lua na Casa 5 (a casa dos filhos, da criatividade, da diversão, do lazer, da sexualidade e da energia erótica), o propósito da sua vida precisa ser vivido dentro de algum aspecto desses domínios da vida. Como tanto a Lua quanto a Casa 5 têm uma forte associação com concepção, reprodução, educação sexual e o processo de nascimento, qualquer coisa relacionada a essas áreas da vida pode ser uma segunda natureza para você ou pode ser especialmente desafiadora, importante e determinante na sua vida.

No entanto, a reprodução humana não é o único tipo de criatividade que a Casa 5 abrange. O processo criativo, a energia criativa, os projetos criativos, os casos de amor, o prazer e as atividades de lazer também são fundamentais para o modo como você cumpre o propósito da sua vida. Disciplinas criativas podem ajudá-lo a se conectar com um senso de propósito, assim como a canalizar seus sentimentos e emoções.

Às vezes, esse posicionamento da Lua reflete um pai, uma mãe ou um tutor influente na vida dos filhos ou focado em qualquer um dos outros significados dessa casa, incluindo a arte, o prazer e a autoexpressão criativa.

📝 *Perguntas para reflexão*

- Até que ponto a energia criativa e sua expressão são essenciais para você viver e compreender o propósito da sua vida? O que acontece com você quando encontra um lugar onde aplicar sua energia criativa? O que acontece quando você não encontra esse lugar?

- A saúde reprodutiva ou a educação sexual é uma parte importante do propósito da sua vida? Que talento o trabalho com crianças ou jovens ajuda a despertar em você? Ser pai, mãe, tutor ou mentor de crianças o ajuda a se sentir pleno ou a entender a si mesmo?

- O que você precisa fazer, criar ou elaborar quando se sente inseguro, incerto ou desconectado da sua vida?

LUA NA CASA 6

☾

A Casa 6 é a casa do trabalho e das questões de saúde. Quando combatemos uma doença ou temos uma dor crônica, não temos o mesmo tipo de energia ou capacidade para fazer o que queremos quando temos vontade. O desconforto físico exige que a vida seja vivida de certa maneira, de um jeito que o mundo geralmente torna ainda mais desafiador. Com a Lua na Casa 6, você pode ser sensível a problemas relacionados a acessibilidade, lesões, doenças e sofrimento físico ou enfrentar esses problemas na sua própria vida.

A Casa 6 também é a casa do trabalho, dos hábitos de trabalho e das ferramentas que temos para fazer o trabalho que nos cabe (que pode envolver animais domésticos e pequenos animais, pois essa também pode ser a casa dos animais de estimação). A Lua nessa casa pode indicar sua experiência ou seu conhecimento a respeito da injustiça econômica e dos desequilíbrios do poder sistêmico no local de trabalho. A Casa 6 representa as situações em que não estamos no controle, que não são inerentemente positivas nem negativas, mas não ter autonomia absoluta é um tema dessa casa.

Porém, o que casas como essa podem nos ensinar sobre a vida é inestimável. Não ter o tipo de recurso que torna a vida mais fácil ou acessível é uma experiência básica para a maioria das pessoas do planeta. Na Casa 6, podemos aprender a aceitar os aspectos da vida sobre os quais não temos nenhum poder e redirecionar nossa energia para onde temos poder de ação. Estar aberto à verdade da nossa vida significa estar plenamente consciente da precariedade dela.

Se a sua Lua está na Casa 6, parte do propósito da sua vida pode precisar ser vivida por meio de projetos relacionados ao trabalho em geral. A Lua na Casa 6 pode se acalmar quando faz um trabalho bem feito, presta serviço, cuida de animais de estimação ou animais domésticos, supera problemas de saúde, aprende diferentes modalidades de cura ou compreende a doença e suas causas.

Ter a sua Lua nessa casa pode significar que sua vida foi afetada pela experiência de um pai, tutor ou membro da família com um problema de saúde. Esse posicionamento da Lua também pode fazer você querer zelar por colegas de trabalho ou até mesmo seus patrões. Seu trabalho pode ser cuidar de alguém, cuidar da casa, prestar algum serviço na residência de outras pessoas, fazer *home office* ou executar um trabalho que exija investimento emocional ou inteligência emocional.

Como essa é a casa tradicionalmente associada à escravidão, trabalhos que analisem a história da escravatura e seu impacto, ou que abordem o tráfico de escravizados, os direitos dos trabalhadores e as condições justas de trabalho também podem fazer parte da sua experiência de vida.

📝 *Perguntas para reflexão*

- Você trabalha com pessoas que sofrem de alguma doença, seja crônica ou não, ou encontra sentido nesse tipo de trabalho? Você trabalha de maneiras que promovem a cura ou cuida de quem sente dor? Alguma parte do seu trabalho envolve direitos dos trabalhadores, combate o trabalho escravo ou analisa o impacto moderno ou histórico da escravidão? Se a resposta é sim, você acha que tem um dom natural para que aspecto desse trabalho? O que o levou a fazer esse tipo de trabalho? O que o mantém nesse tipo de trabalho? Como fica sua saúde mental, emocional e espiritual em resultado desse trabalho?

- Faz parte do propósito da sua vida encontrar um trabalho que faça sentido para você? O que esse trabalho facilita na sua vida?

- Um dos seus pais ou tutores teve algum problema físico ou foi obrigado a trabalhar excessivamente quando você era criança? O que essa experiência ensinou a você ou que compreensão ela lhe deu?

LUA NA CASA 7

Na Casa 7, das parcerias estáveis, românticas, platônicas ou profissionais, a Lua ajuda a revelar o propósito da sua vida por meio da conexão com os outros. Você vai descobrir que as experiências mais importantes e capazes de transformar a sua vida ocorrem por meio de relacionamentos íntimos ou parcerias comerciais. Esse posicionamento da Lua pode tornar você muito reflexivo nas suas parcerias e lhe dá a tendência (dependendo do signo em que ela está) para se metamorfosear nas pessoas com quem você convive ou se dedicar muito a elas. É importantíssimo que você estabeleça seus limites emocionais.

Com a Lua na Casa 7, aqueles com os quais você forma laços estreitos e assume um compromisso podem levá-lo a experiências decisivas para você analisar, entender e cultivar.

Perguntas para reflexão

- Você costuma procurar relacionamentos para dar à sua vida um senso de propósito, direção ou significado? Quando se sente perdido, inseguro ou sem restrições, você recorre ao seu parceiro para consolá-lo? Isso significa que você permanece em relacionamentos que não são muito convenientes para você? O que o ajuda a desfazer parcerias que não estão funcionando?

- Você sente que muitos dos principais acontecimentos da sua vida ocorreram por intermédio dos seus parceiros ou parcerias? Qual foi o mais impactante?

- Seus pais ou responsáveis costumam perder um pouco do senso de identidade em seus relacionamentos? Como isso interferiu na satisfação das suas próprias necessidades?

LUA NA CASA 8

☽

Com a Lua na Casa 8, a casa das colaborações e do dinheiro, dos bens e dos recursos de outras pessoas, você precisa cumprir o seu propósito de vida aprendendo como compartilhar recursos, dividir o que você tem, receber o que você precisa e trabalhar com outras pessoas. Se você tem heranças de qualquer tipo, o que você faz com elas ou o modo como elas afetam você também será importante para o propósito da sua vida.

A Lua na Casa 8 pode entender o processo de morte e tudo que tem a ver com a jornada da alma depois de sair do corpo. A dor, a perda e a angústia mental que podem decorrer da impermanência da vida também são encontradas nessa casa. Esse posicionamento da Lua pode levar a experiências com problemas de saúde mental e pode ser muito hábil em trabalhar com pessoas que os têm ou que estão enfrentando a dor da perda. Com uma Lua na Casa 8, um dos seus pais pode ter sido vítima de alguma doença mental ou trabalhado no campo psiquiátrico, ou você pode ter sofrido uma perda significativa que marcou sua infância.

A Lua na Casa 8 pode precisar enfrentar situações difíceis, do ponto de vista emocional, e muitas vezes passa por experiências catárticas. Você também pode estar conectado às almas que deixaram o corpo. Canalizadores, médiuns e aqueles que estão em contato com o mundo espiritual podem muitas vezes ter fortes influências da Casa 8.

📝 *Perguntas para reflexão*

- Suas colaborações são uma parte importante do propósito da sua vida?

- Você acha que você entende a dor do luto e o processo de luto?

- Você é sensível em relação a problemas de saúde mental, perdas e cura da mente? Você ou seus pais/tutores lutaram contra algum tipo de problema relacionado à saúde mental? Como a terapia ou outro trabalho de cura o ajudaram a resolver esses problemas? Esse processo revelou algo a você sobre o propósito da sua vida?

LUA NA CASA 9
☾

Se a sua Lua estiver na Casa 9, você precisará viver o propósito da sua vida por meio do ensino, das viagens, das publicações, da filosofia, da advocacia, da espiritualidade, da religião ou da educação de nível superior. Você pode se abastecer ou encontrar consolo nas tradições de sabedoria e buscar coisas que pareçam extravagantes, exóticas e emocionantes. Nessa casa, a Lua precisa vivenciar o desconhecido, precisa ser colocada em situações em que os limites da sua mente são desafiados, onde seu conforto é posto à prova e onde precise ver a vida por meio de uma lente diferente da que está acostumada.

Você pode ser um professor muito instruído ou ter professores que sejam mais como pais ou desempenhar papéis parentais, tanto os mais difíceis quanto os desejáveis. Você é um aprendiz instintivo, talentoso em absorver ideias e ter respostas intuitivas, e tem um talento especial para trabalhar psiquicamente com práticas de adivinhação.

Com a Lua na Casa 9, você precisa circular por aí, estudar, trabalhar com professores, publicar ou ensinar outras pessoas quando se sente inseguro ou instável.

Perguntas para reflexão

- Você costuma difundir informações ou precisa absorvê-las quando se sente inseguro? Quais tradições de sabedoria você busca quando não se sente centrado? Viajar ou ensinar o ajuda a se sentir conectado ao propósito da sua vida? O que há nessas duas atividades que o faz se sentir assim?

- As publicações, em qualquer um de seus aspectos, são algo central na sua vida diária? Como você se sente quando dissemina informações para o mundo, para um grupo de pessoas ou como parte do seu trabalho?

- Até que ponto a religião ou a espiritualidade fizeram parte da sua infância ou foram importantes para um dos seus pais ou tutores? Essa foi uma experiência positiva, negativa ou neutra? Qual o papel dela na sua vida agora?

LUA NA CASA 10

☾

Se a sua Lua está na Casa 10, você cumpre o propósito da sua vida por meio da carreira, do *status* social e da reputação. Essa Lua quer alcançar o reconhecimento social para se sentir segura e quer ser reconhecida pelo "povo", atingindo metas numa tentativa de vencer a ansiedade. Como resultado, pessoas com a Lua nessa casa às vezes buscam a fama, ou acabam conquistando-a por acaso, sem ter que fazer tanto esforço quanto os outros.

Essa Lua é capaz de captar ou intuir as necessidades e os desejos das outras pessoas. A Lua na Casa 10 pode ter uma afinidade natural com o trabalho com o corpo, o nascimento e a concepção, ou com alguma área que trate da nutrição física, emocional ou espiritual. Por tradição, esse posicionamento da Lua está ligado ao trabalho com água e com todas as coisas relativas a corpos d'água.

Com a sua Lua na Casa 10, o trabalho é uma maneira de você cuidar de si mesmo, o que pode ser complicado quando precisa descansar. Pode ser necessário realizar algo profissionalmente como uma maneira de equilibrar suas emoções e você provavelmente precisa observar as maneiras pelas quais tende a se doar demais ao mundo.

Perguntas para reflexão

- Quando se sente incerto, inseguro ou fora do eixo, você tende a trabalhar para alcançar objetivos que lhe farão conquistar mais sucesso e reconhecimento? Quando isso é algo contraproducente, desgastante ou desafiador, do ponto de vista físico?

- Obter reconhecimento por seus esforços é fácil para você? Os outros costumam comentar sobre o tipo de atenção que você recebe? Quais são os comentários em geral? As pessoas muitas vezes invejam suas realizações? Se a resposta é sim, como você lida com isso?

- Um de seus pais ou tutores é conhecido ou famoso de alguma forma? Quando você era mais jovem, um deles tinha grande importância para você? Como isso influenciou seu próprio senso de identidade?

LUA NA CASA 11

☾

Se a sua Lua está na Casa 11, da comunidade e da sorte, você cumpre, em parte, o propósito de sua vida por meio das conexões que estabelece com amigos, grupos e possivelmente por meio do ativismo que pratica junto com eles. Na casa da sorte, a Lua nutre as outras pessoas e, ao fazer isso, cria sua própria sorte. Por meio da união com aqueles que têm as mesmas esperanças e os mesmos sonhos para o futuro, você pode fazer pelo menos alguns dos seus sonhos se tornarem realidade.

No ambiente social, nos trabalhos em equipe e nos eventos sociais, sua Lua se sente segura. Você provavelmente tem um forte desejo de levar a cabo uma visão com indivíduos que tenham ideias afins. É aí que você prospera, e priorizar sua necessidade de fazer parte de comunidade lhe trará uma imensa alegria.

📝 *Perguntas para reflexão*

- Você se sente abastecido quando investe seu tempo ou recursos em comunidades e grupos aos quais se associa? Você tem a impressão de que suas conexões com os outros muitas vezes o levam a acontecimentos importantes na vida? Isso parece acontecer naturalmente ou você procura isso conscientemente? Se a resposta é sim para um dos casos, como você faz isso? Se a resposta é não para ambos os casos, como poderia fazer isso?

- A organização da comunidade conecta você ao propósito da sua vida? No momento, como isso lhe parece? Como você gostaria que fosse?

- Um dos seus pais ou tutores se conectou com o mundo por meio de grupos e associações, considerava as amizades como um componente-chave da sua identidade ou praticava algum tipo de ativismo em situações de grupo? Como isso influenciou você?

LUA NA CASA 12

☾

A Casa 12 representa o que está oculto da visão, que é secreto e desconhecido para nossa consciência. Aqueles com a Lua nessa casa podem ser levados a desvendar os segredos da família, da cultura e da sociedade. Com a Lua na casa dos projetos ocultos, parte do propósito da vida pode ser vivido num trabalho de bastidores ou em projetos particulares, feitos em estúdios, salas escuras de revelação fotográfica ou locais isolados, que também sirvam como incubadoras criativas.

Essa Lua pode precisar de um tempo sozinha para processar as emoções. Quando precisar cuidar de si mesmo, talvez você tenha que se retirar do convívio das outras pessoas e reabastecer suas baterias.

Como essa parte do mapa também fala de tristezas, perdas, autossabotagem, autodestruição e todos os aspectos do eu que tendemos a varrer para baixo do tapete, negar ou não querer ver, a Lua na Casa 12 fala da experiência de uma pessoa que sofre. Isso pode ter sido herdado de um dos pais ou tutores, simbolizar a luta na vida dessa pessoa ou na linhagem da família.

A autossabotagem pode ser uma estratégia de sobrevivência muito usada, por mais paradoxal que isso pareça, mas a Lua na Casa 12 sempre acaba precisando aprender maneiras de curar o passado para que possa acessar a incrível riqueza criativa presa à dor não reconhecida.

A Casa 12 é a parte do mapa que trata do encarceramento, do isolamento e das instituições de saúde mental, que podem fazer parte da sua experiência direta ou da experiência dos seus pais ou tutores. Você pode ter acesso a lugares onde outros são encarcerados, trancafiados ou afastados da sociedade e fazer ali um trabalho importante.

Perguntas para reflexão

- Que papéis as incubadoras criativas, as salas escuras, os estúdios e os lugares de isolamento têm no propósito da sua vida?

- Você se sente confortável ou se sobressai no trabalho com aqueles que sofreram grandes perdas?

- Um dos seus pais ou tutores enfrenta problemas relacionados à saúde mental, trabalhou ou esteve internado numa instituição ou trabalha com aqueles que foram tratados injustamente pelos sistemas em que estão inseridos? Se a resposta é não, você já passou por alguma dessas situações?

RELACIONAMENTOS COM OUTROS PLANETAS
QUEM ESTÁ INFLUENCIANDO A SUA CAPACIDADE DE SATISFAZER AS SUAS NECESSIDADES FÍSICAS E EMOCIONAIS?

Que planetas estão em aspecto com a sua Lua?

Assim como existem planetas que se relacionam com o seu Sol, também pode haver planetas que se relacionam com a sua Lua (em aspecto com ela). Esses aspectos também se enquadram nas mesmas categorias que descrevemos anteriormente – dádivas, desafios e fusões. A mesma teoria se aplica a todos os planetas. Os sextis e os trígonos são dádivas úteis que, quando em aspecto com a Lua, podem ajudá-lo a ter prosperidade, obter conforto ou receber bênçãos. Quadraturas e oposições são desafios que podem inibir seu acesso à segurança material e emocional, pelo menos em algum momento da sua vida. As conjunções (fusões) podem oferecer dádivas ou desafios, dependendo do planeta em questão.

A Lua exaltada de Frida Kahlo, em Touro, está em sextil, na Casa 10, com Júpiter exaltado (planeta da abundância), no signo de Câncer, na Casa 12. Como a Lua rege o signo de Câncer e, portanto, está no controle desse Júpiter, há uma afinidade especial entre eles que é intensificada pelo fato de formarem um aspecto útil para ambos (o sextil). Embora a Casa 12 seja um local muitas vezes associado a uma grande dificuldade e ao isolamento, a Lua em Touro é capaz de traduzir e trazer essas experiências da Casa 12 para a Casa 10, da carreira. A capacidade de Frida de expressar seu sofrimento, suas perdas e suas experiências de isolamento com a sua arte lhe trouxe grande reconhecimento. Nota-se que, se outros planetas tivessem aspectos desafiadores com a Lua de Frida Kahlo, sua carreira poderia não lhe garantir tamanha notoriedade.

Agora é hora de escolher sua própria aventura. Volte a consultar a lista de aspectos da sua Lua que você anotou na página 114 e leia as seções que se aplicam a eles. Em seguida, avance até as perguntas para reflexão do final deste capítulo.

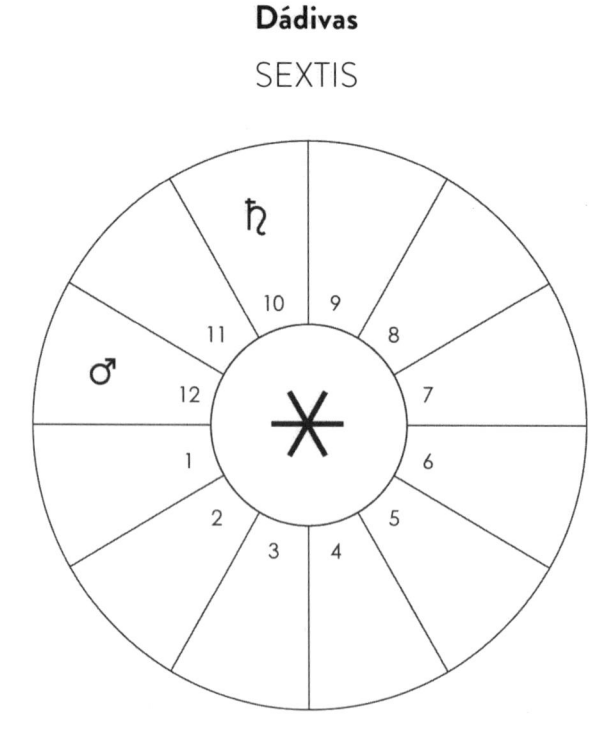

Dádivas

SEXTIS

O sextil, um ângulo de 60 graus, é um aspecto leve e amigável, mas também útil e estimulante. O sextil de qualquer planeta com a sua Lua será benéfico, mesmo que sutil.

Sua Lua em sextil com...

- o **Sol** indica que existe apoio mútuo entre os dois luminares do seu mapa, e o propósito da sua vida é revelado e cumprido de maneira mais harmoniosa.

- **Mercúrio** induz uma conectividade com as suas comunicações, tornando você naturalmente perceptivo e relacionável. Um dos seus pais ou tutores pode ter essas mesmas características.

- **Vênus** empresta doçura e a capacidade de formar laços que podem representar uma grande ajuda para você. Vênus também pode ajudar a embelezar seu corpo e a sua casa. Um dos pais pode ter sido bonito e transmitido seu charme ou talento artístico a você.

- **Marte** indica coragem e o modo como você vive sua vida. Um dos seus pais ou tutores pode ter sido um exemplo de um tipo positivo de proteção.

- **Júpiter** lhe confere uma mentalidade de prosperidade e fé ao longo da vida, ajudando você a criar e desfrutar de conforto material e emocional. Um dos seus pais ou tutores pode ter sido especialmente dinâmico, otimista ou espiritualista.

- **Saturno** cria aptidão para incorporar estrutura, estabilidade e disciplina à sua vida diária, de maneiras que beneficiem seu bem-estar material e emocional. Um dos seus pais ou tutores pode ter sido um bom exemplo de uma figura de autoridade com senso de justiça.

- **Urano** propicia ideias inovadoras, a necessidade de provocar uma certa agitação e uma sensibilidade peculiar. Com esse aspecto, você pode precisar de alguns dias fora da rotina, com programas diferentes e emocionantes. Um dos seus pais ou tutores pode ter sido excêntrico ou incomum de uma maneira inspiradora.

- **Netuno** indica uma imaginação fértil e a necessidade de proximidade emocional. Esse aspecto pode aumentar sua intuição e a capacidade de se conectar com uma grande variedade de pessoas. Um dos seus pais ou tutores pode ter sido criativo ou o pai ideal, em algum sentido.

- **Plutão** proporciona profundidade emocional, um desejo de ter experiências catárticas ou de se relacionar com as pessoas de maneiras que lhe pareçam transformadoras. Um dos seus pais pode ter sido poderoso ou influente.

TRÍGONOS

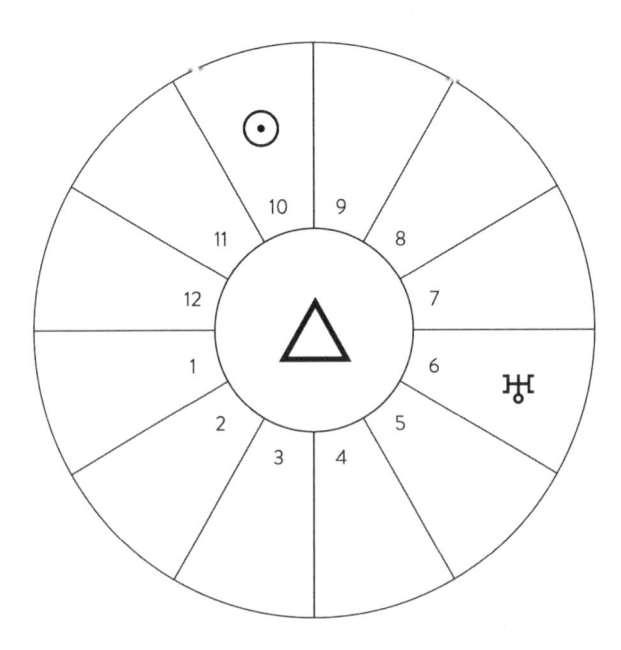

Harmoniosos e úteis, trígonos (um ângulo de 120 graus) com a Lua irão ajudá-lo de maneiras que lhe ajudem a preencher suas necessidades emocionais e físicas com mais facilidade. O trígono é mais forte que o sextil e, portanto, traz bênçãos mais poderosas.

Sua Lua em trígono com...

- o **Sol** cria reciprocidade entre o propósito da sua vida e a maneira como você cumpre esse propósito.

- **Mercúrio** propicia um talento para se conectar com as pessoas no âmbito emocional. Um dos seus pais ou tutores pode ter sido um bom comunicador ou alguém capaz de expressar suas emoções muito bem.

- **Vênus** é excepcionalmente favorável e confere muita beleza, simpatia, charme e facilidades à Lua, ajudando-a a viver a vida com grande estilo e graça. Um dos seus pais ou tutores pode ter sido ou ser atraente, obsequioso ou se sentir à vontade em ambientes sociais, atraindo atenção e admiração.

- **Marte** ajuda você a se sentir à vontade liderando pessoas, tomando iniciativas, seguindo seu próprio caminho e suprindo a si próprio do que precisa. Um dos seus pais ou tutores pode ter sido independente, inspirando você a ser assim também.

- **Júpiter** é incrivelmente útil e concede à sua Lua uma proteção especial, abundância, otimismo, uma natureza espiritual, generosidade e fé na vida e na sua capacidade de satisfazer às suas necessidades. Um dos seus pais ou tutores pode ter sido generoso, otimista e capaz de oferecer a você abundância no plano material.

- **Saturno** concede a você autoridade de uma maneira que não parece arrogante aos olhos das outras pessoas. Elas podem sentir confiança em você e na sua integridade. Um dos seus pais ou tutores pode ter ocupado uma posição importante ou sido capaz de demonstrar como amadurecer de uma maneira que não fosse opressiva.

- **Urano** ajuda você a ser pouco convencional de maneiras que as outras pessoas aceitem, apreciem ou admirem. Um dos seus pais ou tutores pode ter sido uma pessoa inventiva, criativa em sua abordagem à vida e sem medo de sair da sua zona de conforto.

- **Netuno** concede um tipo muito intuitivo de criatividade e imaginação, que pode precisar se abastecer de imagens, sons e cores. Um dos seus pais ou tutores pode ter sido especialmente intuitivo, receptivo ou generoso.

- **Plutão** pode conferir uma intensidade emocional, um poder e uma influência que os outros acatam. Um dos seus pais ou tutores pode ter sido uma grande influência para você ou para o mundo ao seu redor, conectando-o a bênçãos materiais.

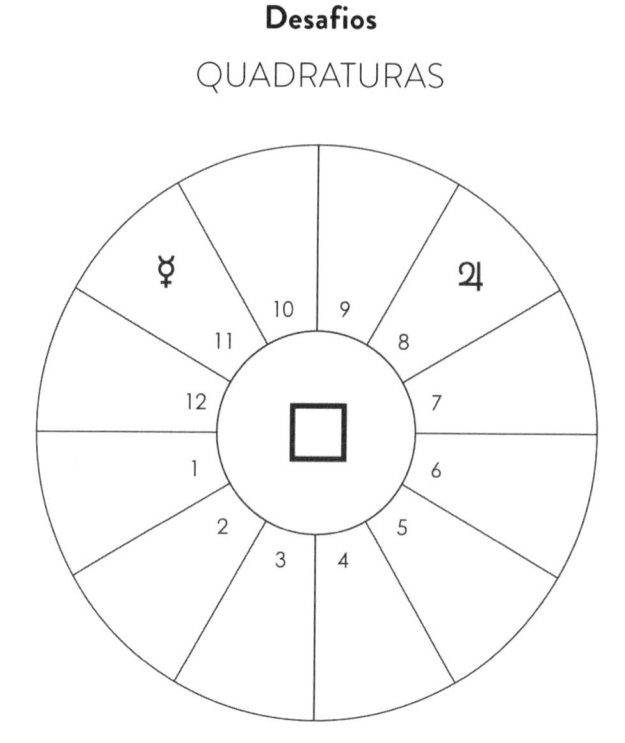

Desafios
QUADRATURAS

Quadraturas (ângulos de 90 graus) formadas pela Lua e outros planetas apontam para áreas ou circunstâncias em que poderíamos nos sentir inseguros do ponto de vista físico, emocional ou material.

Aspectos difíceis com a Lua podem também indicar traumas herdados ou históricos, pois a Lua representa o corpo e a linhagem de onde viemos.

Sua Lua em quadratura com...

- o **Sol** mostra atrito entre o propósito da sua vida e o modo como você vive esse propósito. Isso pode significar que seu Sol e sua Lua, dois dos principais planetas do seu mapa, se expressam de maneiras tão diferentes que causam atrito em sua vida, mas também levam você a agir. Paradoxos em sua personalidade nunca são entediantes.

- **Mercúrio** pode criar um desafio na comunicação dos seus sentimentos. Esse aspecto também pode indicar uma dificuldade que um dos seus pais ou tutores teve com relação ao próprio estilo de comunicação, o que pode ou não ter influenciado você negativamente. Uma quadratura de Mercúrio não é um aspecto preocupante por si só, a menos que Mercúrio esteja com Saturno ou Marte.

- **Vênus** às vezes pode trazer dificuldade para satisfazer suas necessidades, pois agradar às pessoas é o maior problema desse planeta. Pode haver um conflito com relação à necessidade de atenção de um dos seus pais ou tutores e o tipo de atenção que você recebeu quando criança. A beleza ou o charme de um dos seus pais ou tutores pode ter se sobreposto à capacidade que ele tinha de cuidar das suas necessidades. Quadraturas de Vênus não são prejudiciais, mas podem indicar discórdia ou desconexão relacionada à beleza ou a ser apreciado.

- **Marte** pode ser um aspecto doloroso, pois esse planeta tem uma tendência a ser frio e cruel. Isso pode indicar um pai que tinha dificuldade para controlar a raiva e revelar algo sobre como esse tipo de comportamento afetou você quando criança. Esse aspecto precisa de uma válvula de escape para a raiva, a energia, os impulsos, e se beneficia de atividades que tranquilizem e refrigerem o corpo, a mente e o espírito.

- **Júpiter** pode criar uma necessidade de abundância, excesso de indulgência e um apetite por experiências emocionais. Às vezes, um dos pais era uma figura muito importante para você, dada a exageros (do ponto de vista emocional ou em outro sentido) ou com uma personalidade marcante, que dominava a experiência dos filhos.

- **Saturno** pode criar rigidez, sobrepeso e letargia no corpo ou no sistema emocional. A depressão é um efeito colateral comum de um aspecto difícil entre Saturno e a Lua. Um dos pais ou tutores de uma pessoa com esse aspecto pode ter sido uma pessoa sobrecarregada de responsabilidades ou incapaz de dar carinho aos filhos. Você pode trabalhar esse aspecto sendo disciplinado e encontrando maneiras de ser gentil e compassivo consigo mesmo.

- **Urano** rompe com os alicerces da nossa vida. Muitas vezes as pessoas com esse aspecto sentem que laços afetivos foram rompidos e fontes de carinho, lhe foram retirados, na infância, transmitindo-lhe insegurança. Você precisa criar alguma outra fonte de estabilidade em sua vida, cultivando laços afetivos.

- **Netuno** cria uma tendência para escapar das exigências da vida. Esse aspecto pode indicar que um dos seus pais ou tutores teve algum tipo de vício ou não podia estar presente, foi alguém distante ou abandonou-o de uma maneira que tornou você uma pessoa ansiosa. Você precisa aprender a apoiar a si mesmo e reconhecer suas reações emocionais, sem se tornar uma pessoa distante.

- **Plutão** gera reações emocionais muito intensas a qualquer coisa que provocar insegurança em você. Isso pode ter criado lutas pelo poder com seus pais ou tutores, de modo que sua própria autonomia foi ameaçada. Você pode se sentir sobrecarregado pelas necessidades emocionais dos seus pais. Encontrar maneiras de trabalhar e honrar suas próprias reações emocionais e entender a inteligência que lhe é inerente é tanto útil quanto terapêutico.

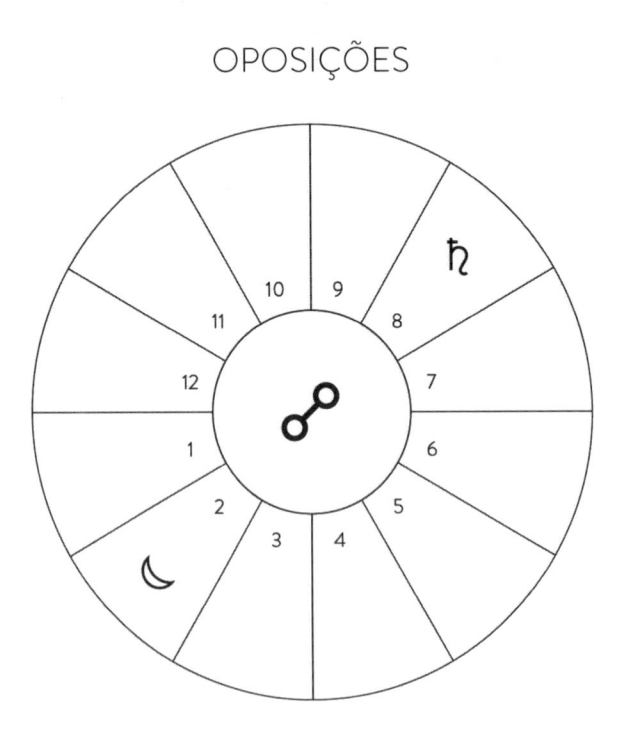

OPOSIÇÕES

Quando a Lua está em oposição a outro planeta (a 180 graus dele), isso pode gerar uma divisão entre nossas emoções e outra parte de nós mesmos. Esse aspecto aponta para algo que pode parecer uma ameaça à sua segurança ou seu bem-estar quando jovem.

Sua Lua em oposição a...

- o **Sol** significa que você nasceu logo antes, durante ou logo após a Lua Cheia, e é necessário integrar as naturezas opostas dos seus signos e dos posicionamentos do seu Sol e da sua Lua.

- **Mercúrio** pode fazer com que seja preciso equilibrar as necessidades do corpo e da mente, pode criar uma oscilação entre a cabeça e o coração e pode provocar uma tendência para se pensar demais em vez de sentir. Esse aspecto também pode indicar um relacionamento com um dos pais ou tutores no qual equilibrar as interações racionais e emocionais representava um desafio.

- **Vênus** pode dificultar a integração e o equilíbrio das suas próprias necessidades dentro dos relacionamentos. Você pode sentir que um dos seus pais ou tutores optou pelo seu eu ou por sua vida erótica em detrimento das necessidades dos filhos. Você pode precisar equilibrar esses diferentes aspectos do eu dando-lhe as boas-vindas e aceitando ambos.

- **Marte** demonstra a cólera e os danos que seu corpo pode ter vivenciado. Com esse aspecto, muitas vezes há um antagonismo em relação aos outros. Você precisa aprender a se proteger e a canalizar sua energia combativa para uma causa nobre. Um dos seus pais ou tutores pode ter passado dos limites, causado danos emocionais ou ter prejudicado você de maneiras que afetaram seu senso de segurança.

- **Júpiter** tem tendência a exagerar, a se doar excessivamente e a fazer coisas demais em relação a seu corpo, suas emoções e suas conexões com outras pessoas. Esse não é um aspecto "desafiador", mas exige que você encontre equilíbrio, tanto emocional quanto físico. Estabelecer limites pode ser sua maior curva de aprendizado. Se você se doa demais ou superestima o que é capaz de oferecer aos outros, tanto física quanto emocionalmente, e depois quer compensar, exagerando no sentido contrário, para recuperar o equilíbrio, esse pode ser um padrão a ser observado. Um dos seus pais ou tutores pode ter sido todo o seu mundo, alguém cujas personalidade ou necessidades ofuscaram a sua infância ou alguém cuja exuberância era hilariante, mas não necessariamente realista.

- **Saturno** é a mais desafiadora de todas as oposições da Lua. Saturno em oposição à sua Lua pode criar situações em que é difícil obter o conforto, a compaixão e o cuidado de que você precisa. Esse aspecto causa sentimentos de inadequação. Buscar ajuda pode ser um desafio. Um dos seus pais talvez fosse muito retraído ou emocionalmente inacessível. Com esse aspecto, você precisa se dar o direito de cometer erros, aprender com eles e se manter aberto a um *feedback* construtivo.

- **Urano** pode indicar as inconsistências dos seus pais, nos seus primeiros anos de vida, e traumas de infância. Esse aspecto pode criar um desejo de abandonar o que lhe parece estável e mudar o que é familiar, além de dificultar a criação e a manutenção de conexões. Um dos seus pais ou tutores pode ter sido uma pessoa animada, excêntrica, radical e com um gosto por experimentar coisas novas, de maneiras que comprometiam sua segurança.

- **Netuno** pode causar ansiedade devido à falta de alicerces na sua vida. Você pode achar difícil ser emocionalmente consistente. Pode se sentir vulnerável àqueles que querem fazê-lo de tolo e ter dificuldade para identificar as más intenções dos que desejam usar você ou tirar vantagem da sua ingenuidade. Um dos seus pais ou tutores pode ter sido alguém emocionalmente desgastante ou incapaz de manter os próprios limites, atender às próprias necessidades ou apoiá-lo de forma constante. Para desenvolver sua maturidade emocional, pode ser importante ficar atento e usar o discernimento, em vez de se deixar enganar pelas pessoas à sua volta, ao demonstrarem suas necessidades.

- **Plutão** pode querer controlar as emoções a tal ponto que é difícil para você se mostrar vulnerável, relaxado e aberto com as outras pessoas. O oposto também pode acontecer, e você pode se sentir controlado ou consumido pelos caprichos, desejos e exigências dos outros. Você pode precisar de um tempo para processar as emoções e entendê-las; do contrário, elas podem entrar em erupção como um vulcão. Um dos seus pais ou tutores pode ter sido uma personalidade opressora, controladora, intensa ou desgastante para o seu sistema emocional. Para se separar dele, pode ter sido necessário passar por um processo de completa transformação e reinvenção.

Fusões
CONJUNÇÕES

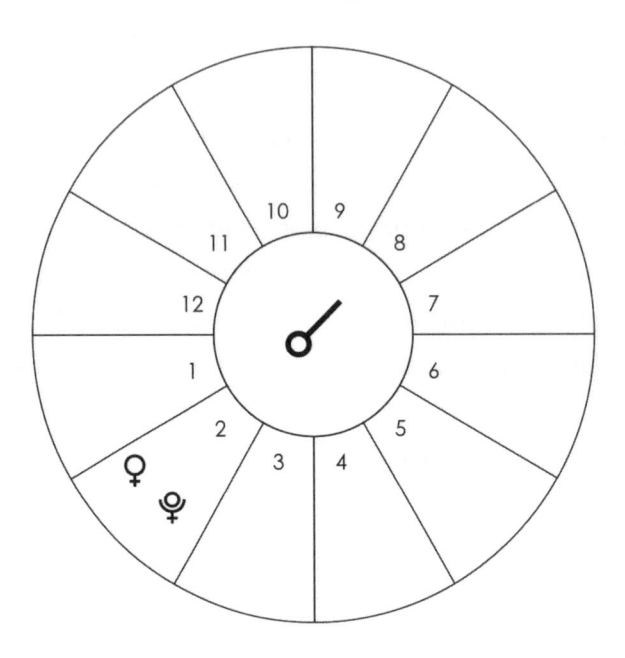

Como a Lua é muito impressionável, a natureza de qualquer planeta que esteja no mesmo signo que ela pode influenciar muito o seu estilo lunar.

Sua Lua em conjunção com...

- o **Sol** reúne os dois luminares do mapa, significando que o propósito da sua vida e a maneira como ele é vivido têm o mesmo estilo. Se o Sol e a Lua estão juntos no seu mapa, isso mostra que você nasceu no final ou no início de um ciclo lunar, dependendo dos graus de ambos.

- **Mercúrio** mescla a necessidade de conforto com o de comunicação. Você pode processar sentimentos verbalmente, encontrar conforto por meio da comunicação que cria laços ou buscar aqueles que pensem como você. Um dos seus pais ou tutores pode ter sido excepcionalmente falante, espirituoso ou um ótimo vendedor.

- **Vênus** é um aspecto auspicioso, que proporciona certas facilidades a você. Você pode criar vínculos por ser acessível e amigável, ou bonito e atraente, aos olhos dos outros. Vênus sempre pode oferecer a dádiva da beleza, e esse privilégio às vezes pode propiciar conforto material. Às vezes, esse aspecto significa que você teve um pai atraente, agradável para as pessoas, gracioso e/ou com um senso artístico apurado.

- **Marte**, por natureza, causa um superaquecimento e, quando está ao lado da Lua, pode causar inflamação no corpo ou muito ardor no sistema emocional. Você pode ter dificuldade para se acalmar, para desacelerar e para conquistar ou manter vínculos. Um dos seus pais podia não ter consideração pelos limites dos filhos, assim como acontece na quadratura e na oposição entre Lua e Marte. Você pode ser emocionalmente defensivo e protetor e precisar aprender a encontrar segurança em si mesmo para poder respeitar os limites do seu corpo, da sua vida e das outras pessoas.

- **Júpiter** é extremo em suas necessidades: exige muito, quer dar muito e deseja criar cada vez mais conexões. Júpiter é generoso, regenerador e abundante, o que torna esse aspecto muito auspicioso, se não avassalador. Seu pai ou mãe pode ter tido uma *persona* extravagante, que o encorajava a ocupar seu espaço, ou que dominava seu ambiente, deixando pouco espaço para você.

- **Saturno**, essa é uma das conjunções mais difíceis, pois a Lua e Saturno são muito diferentes. A Lua quer ligação, proteção, segurança e carinho, e Saturno é austero, cria limites e estruturas e rejeita o que é oferecido. Saturno tende a induzir a Lua a se sentir indigna de amparo e sustento. Você pode precisar aprender como desenvolver limites que permitam amor e conexão. Um dos seus pais ou tutores pode ter sido distante, inacessível, bem-sucedido, depressivo, excessivamente produtivo ou representar uma força opressiva na sua vida.

- **Urano**, você pode ter relacionamentos inconstantes e oscilar constantemente entre a necessidade de receber conforto e a de ter um espaço só para si. Pessoas com esse aspecto geralmente vêm de uma família desfeita ou excêntrica, ou podem precisar romper com a tradição da família, criando a sua própria. Você também pode precisar criar um lar e uma família de uma maneira única ou diferente. Um dos seus pais ou tutores talvez fosse alguém que, devido às circunstâncias, não era uma presença constante na sua vida. Ele pode ter sido um tipo muito diferente de pai, mãe ou tutor, ou pode não ter lhe dado carinho com constância suficiente para fazê-lo se sentir saciado, do ponto de vista emocional ou em outro sentido. Aprendendo a dar a si mesmo o que precisa, a cada dia, você conseguirá avançar em direção à sua cura.

- **Netuno** se funde com as outras pessoas, criando uma riqueza de sensibilidade, empatia e compaixão. No entanto, você pode ter dificuldade para manter limites e precisa aprender a se diferenciar dos outros. Talvez, aos seus olhos, um dos seus pais ou tutores não o visse como uma pessoa com vontade própria e exigisse os seus cuidados, especialmente se algum tipo de vício ou doença fizesse parte do relacionamento.

- **Plutão** cria uma intensa vida emocional. Você se funde com os outros de uma maneira profunda, que pode ser exaustiva ou desmedida. Você pode ter sentimentos obsessivos ou ter um pai, mãe ou tutor que seja assim. Você provavelmente é alguém a quem os outros sempre contam os próprios problemas. Você exala poder e tem um ar emocionalmente carismático, na verdade, até um pouco assustador, que afeta os outros de maneira profunda e talvez inconsciente. Um dos seus pais ou tutores pode ter passado por experiências em que se sentia consumido por uma situação ou outra pessoa e, como resultado, você pode ter se sentido ignorado ou carente. Ele pode ter tentado ultrapassar seus limites pessoais, drenado sua energia e desrespeitado seu espaço, ou ele próprio pode ter passado por essas experiências. O poder pessoal e o uso dele se tornam temas iminentes nessas dinâmicas.

Perguntas para reflexão

- Quais planetas estão ajudando a sua Lua? Você sente as dádivas desses planetas? Você subestima essas dádivas ou nem presta atenção nelas? Como você pode se apoiar para tirar o máximo proveito dessa facilidade que o seu mapa lhe oferece e aproveitar todo o seu potencial?

- Quais planetas estão obstruindo ou desafiando a sua Lua? Você acha benéfico conhecer os efeitos desse aspecto do seu mapa? Como você pode se beneficiar compreendendo que esses desafios são oportunidades de crescimento ou obstáculos superáveis?

- Até que ponto suas necessidades físicas e emocionais são reconhecidas e respeitadas?

- Como você pode se apoiar para ter certeza de que vai receber os cuidados e o carinho de que precisa?

- Quais dos seus sentimentos com relação ao seu relacionamento com um dos seus pais foram considerados legítimos e válidos? Essa validação lhe dá mais chance de se curar? Isso lhe dá motivos para agradecer ao relacionamento com ele ou para deixar para trás a dolorosa lembrança que tem dele?

- Depois de terminar esta seção, cuide-se. Dê a si mesmo o amor que merece. Seja gentil com o seu corpo pelo resto do dia. Lembre-se de que ele é a manifestação física do propósito da sua alma e respeite-o.

Capítulo 5

A TERCEIRA CHAVE

O SEU ASCENDENTE E O REGENTE DO SEU ASCENDENTE

A motivação da sua vida e o timoneiro do seu navio

Seu Ascendente é o grau exato do zodíaco em que o Sol estava no horizonte oriental no momento em que você respirou pela primeira vez. Por esse motivo, seu Ascendente é um elemento muito pessoal; na verdade, o mais pessoal do seu mapa. O grau do zodíaco no horizonte oriental muda a cada poucos minutos, por isso, quanto mais exata for a sua hora de nascimento, mais pessoais serão as informações que você pode obter do seu Ascendente.

O Ascendente está sempre num determinado signo, que também é chamado de "signo ascendente". Por exemplo, se o seu Ascendente está em Sagitário, isso significa que Sagitário estava numa trajetória ascendente no céu. A natureza do signo que estava no horizonte oriental, quando você chegou ao mundo, simboliza sua motivação para estar aqui. Ele é o que mantém você avançando, o que tira você da cama e o que o estimula na sua trajetória de vida.

Como Demetra George explica em seu livro *Astrology and the Authentic Self*, o Ascendente revela pelo que queremos ser conhecidos. Signos de Fogo como Ascendente – Leão, Áries e Sagitário – se sentem motivados a entrar em ação e querem ser conhecidos por isso. Signos ascendentes de Terra – Capricórnio, Touro e Virgem – são motivados pelo desejo de construir algo de maneira prática e firme e querem ser conhecidos por isso. Signos ascendentes de Ar – Libra, Aquário e Gêmeos – são motivados por sua capacidade de se comunicar e trocar ideias e querem ser conhecidos por isso. Signos ascendentes de Água – Câncer, Escorpião e Peixes – são motivados pelo desejo de criar e manter laços afetivos e querem ser conhecidos por isso.

Assim como cada signo é regido por um planeta, o mesmo acontece com o seu Ascendente. O planeta que rege o seu Ascendente é chamado de regente do Ascendente. Ele revela que direção sua vida deveria tomar. Ele é, como Robert Schmidt descreveu, o "timoneiro" do navio da sua vida. Por exemplo, se seu Ascendente estiver em Áries, então o regente do seu Ascendente é Marte, porque Áries é regido por Marte. Em outras palavras, Marte é o timoneiro do seu navio.

Os regentes de cada signo

- Áries ♈ é regido por Marte ♂
- Touro ♉ é regido por Vênus ♀
- Gêmeos ♊ é regido por Mercúrio ☿
- Câncer ♋ é regido pela Lua ☾
- Leão ♌ é regido pelo Sol ☉
- Virgem ♍ é regido por Mercúrio ☿
- Libra ♎ é regido por Vênus ♀

- Escorpião ♏ é regido por Marte ♂
- Sagitário ♐ é regido por Júpiter ♃
- Capricórnio ♑ é regido por Saturno ♄
- Aquário ♒ é regido por Saturno ♄
- Peixes ♓ é regido por Júpiter ♃

Para entender seu Ascendente e como ele determina a motivação da sua vida, convém analisar as quatro questões a seguir:

1. Qual é a motivação da sua vida? (Qual é o signo do seu Ascendente?)
2. Quem está influenciando a motivação da sua vida? (Você tem algum planeta no mesmo signo do seu Ascendente?)
3. Quem está no leme do navio da sua vida? (Que planeta rege seu Ascendente?)
4. Para que área da vida você está sendo direcionado? (Em que casa está o regente do seu Ascendente?)

Se soubermos o que nos motiva, já teremos vencido metade da batalha para ser feliz. Se soubermos, por exemplo, que parte da nossa motivação é expressar e reconhecer estados emocionais profundos, por que vamos desperdiçar nosso tempo nos martirizando por sermos sensíveis? Se soubermos que nos sentimos motivados, em parte, quando temos uma atitude corajosa, por que viraríamos as costas para a nossa verdadeira natureza, tentando ser recatados, indiferentes ou conservadores com relação às regras?

Autoaceitação radical significa entender que somos exatamente como deveríamos ser. Não há uma parte de nós que não tenha um propósito. Não há nada em nós em excesso. Nenhum erro foi cometido no nosso ser.

Quando você conhecer mais sobre o signo do seu Ascendente, o regente do Ascendente e a casa em que o regente do seu Ascendente está, observe o que lhe ocorre e quais partes da sua personalidade você julga sem pensar, o que você aceita e que características você gostaria de não ter.

Pontos-chave sobre o seu Ascendente e sobre o regente do seu Ascendente para você lembrar

- O Ascendente é o ponto exato no céu em que o Sol estava no horizonte oriental no momento em que você respirou pela primeira vez. Ele é determinado pela hora, pela data e pelo local do seu nascimento.

- O Ascendente é um ponto. O signo em que seu Ascendente está se chama signo ascendente.

- Seu Ascendente é a motivação da sua vida e aquilo pelo qual você deseja ser conhecido.

- O regente do seu Ascendente é o planeta que rege seu signo ascendente.

- Esse planeta é o timoneiro do navio da sua vida.

- A casa em que está o regente do seu Ascendente revela para que área da sua vida você está sendo direcionado.

PRIMEIROS PASSOS COM O SEU MAPA

ENCONTRE O SEU ASCENDENTE

Procure o símbolo ☼ no seu mapa.
Esse é o seu Ascendente.

O Ascendente está sempre na Casa 1, a "fatia de pizza" do lado esquerdo do seu mapa, que tem o número 1 dentro dela. O signo em que ele está é o seu signo ascendente.

Qual é o signo do seu Ascendente?

Meu Ascendente está no signo de _____.

Os planetas no mesmo signo que o meu Ascendente são _____.
(Lembre-se de que você pode não ter nenhum.)

Que planeta rege o seu Ascendente?

O regente do meu Ascendente é _____.

O regente do meu Ascendente está no signo de _____.

O regente do meu Ascendente está na Casa _____, **que representa** _____.

O SIGNO DO SEU ASCENDENTE:
QUAL A MOTIVAÇÃO DA SUA VIDA?

Qual é o signo do seu Ascendente?

O signo do seu Ascendente revela o estilo com que você encontrará seu caminho nesta experiência terrena. Quando examinamos o mapa de Frida Kahlo e o da dra. Maya Angelou para ver como o Ascendente revelava as motivações de vida dessas duas mulheres, temos um vislumbre do que as inspirou a se tornarem artistas e ativistas. Ambas, Frida e Maya, nasceram com Ascendente em Leão, o que significa que a motivação delas era a autoexpressão, mostrar sua experiência interior para o mundo e viver de uma maneira dramática e cativante, que chamaria a atenção para o que elas fizeram. Leão é um signo fixo do elemento Fogo, que tem intensidade, força e poder para isso. Frida incorporou essa característica em suas centenas de autorretratos. Maya, igualmente motivada a se expressar de forma criativa, fez isso por meio de poesias, romances, ensaios, dança, programas de televisão, filmes, músicas e trabalhos acadêmicos, que ganharam notoriedade e foram muito premiados.

Agora é hora de escolher sua própria aventura. Avance até a seção sobre o seu signo ascendente.

ASCENDENTE EM ÁRIES

Se o seu Ascendente estiver em Áries, você será conhecido pela sua capacidade de entrar em ação com ímpeto e ardor. Com muita coragem e pouca consideração pelas consequências, o Ascendente em Áries precisa viver a experiência de correr riscos para chegar onde quer. Por ser um signo cardinal do elemento Fogo, o ascendente em Áries precisa dar muita cabeçada na vida para conseguir o que quer. Assim como atividades de impacto ajudam a aumentar a densidade óssea do sistema esquelético, dar cabeçadas de vez em quando pode ajudar a desenvolver um tipo de resiliência que seu Ascendente em Áries vai apreciar.

Áries rege a cabeça e o rosto. Ter o Ascendente nesse signo pode tornar essa área do corpo proeminente, propensa a problemas ou sensível ao toque. Assim como o animal que o representa, o carneiro, precisa de um oponente digno, você também precisa. Embora as outras pessoas possam achar seu estilo agressivo, sua maneira de estar no mundo é direta e sem rodeios. Seja no amor, no trabalho ou no lazer, seu Ascendente em Áries precisa de uma pequena vantagem ou diferencial para se sentir interessado.

Áries, regido por Marte, fará você querer provar a si mesmo sua força por meio de ações extenuantes e impetuosas, que testem sua capacidade de lutar e sair vitorioso. Você provavelmente será conhecido por ser uma força da natureza, independente e assertiva, que persevera ou faz sofrer quem quer que fique em seu caminho. Essa parte de você precisa que use a sua energia, caso contrário ela se tornará autodestrutiva. Quando distorcido, seu Ascendente em Áries pode agir como um fósforo nos fluxos constantes de gasolina deste mundo.

👁 *Afirmações*

- Confio nas minhas reações intuitivas à vida.

- Sempre que arrisco minha reputação para ser leal à minha verdade, eu me sinto fortalecido.

📝 *Perguntas para reflexão*

- Você se identificou com essa descrição de Áries? Ela o motivou em algum sentido?

- Em que área da sua vida você costuma empreender ações que outras pessoas consideram audaciosas?

- Em que áreas da vida você costuma ser competitivo? Quando a sua competitividade ajuda você a ser uma pessoa melhor? Até que ponto ela contribuiu para separações dolorosas na sua vida?

ASCENDENTE EM TOURO
♉ ⛎

Se o seu Ascendente estiver em Touro, um signo fixo do elemento Terra, você desejará ser conhecido pela sua capacidade de estabilizar os recursos disponíveis e fazer algo bonito e duradouro com eles. Seu ascendente em Touro sabe como dar forma à beleza. Regido por Vênus, planeta do amor, dos relacionamentos, da conexão, do prazer e daqueles que gostam de agradar as pessoas, Touro sabe como construir um ninho de amor que seja durável. Regente do pescoço, da garganta e dos ombros, o Ascendente em Touro pode querer essas áreas especialmente adornadas com beijos, perfumes inebriantes ou joias deslumbrantes.

A natureza fixa de Touro o torna conhecido pela sua teimosia, mas também pela sua capacidade de fundamentar e manifestar o potencial que passa despercebido pelos outros. Seu Ascendente em Touro ensinará você e as outras pessoas a aproveitar os prazeres simples da vida. O balanço do galho de uma árvore. O balanço de um quadril. O balanço de um ato de amor.

Seu Ascendente em Touro reúne naturalmente outras pessoas ao seu redor, ao fornecer quantidades generosas da sua energia prática, terrosa e regeneradora. Touro é generativo e, quanto mais você se sentir em sintonia com essa sua natureza, mais vai se sentir em casa. Touro está aqui para produzir o que puder da terra que é sua vida, deixando-a fértil para crescimento futuro, ao longo de muitas estações.

Quando distorcido, seu Ascendente pode induzi-lo a pensar que é mais seguro tentar controlar, possuir ou forçar a vida a seguir numa determinada direção. Esse signo demora para se enfurecer, mas, quando chega ao seu limite, é difícil controlar esse touro furioso.

👁 *Afirmações*

- Eu me sinto motivado a desenvolver o que parece produtivo, abundante e estável.

- Minha persistência me leva a cumprir cada meta que estabeleci para mim.

📝 *Perguntas para reflexão*

- Você se identificou com essa descrição de Touro? Ela o motivou em algum sentido?

- Que tipo de coisa você costuma passar a vida construindo, preparando ou consolidando?

- Quando a sua necessidade de conforto, segurança ou prazer prejudicam a sua capacidade de experimentar coisas novas?

ASCENDENTE EM GÊMEOS
♊ ☼

Gêmeos é ardiloso, travesso, mágico, vendedor, repórter e coletor e disseminador de informações. Se quisesse, Gêmeos seria capaz de vender uma varinha quebrada a um mago.

Se tem seu Ascendente nesse signo mutável do elemento Ar, isso significa que você quer ser conhecido pela sua capacidade de dar o melhor de si para conseguir qualquer tipo de notícia. Uma de suas grandes inspirações é trocar informações, histórias, fragmentos e trechos tentadores de qualquer boato que conseguir apurar. Gêmeos tem uma história para contar a todos que encontra.

Sempre inquisidor, você é motivado pela busca de estímulos intelectuais e relacionamentos sociais. Seu Ascendente em Gêmeos sempre tentará ver a situação de ambos os lados, procurando se sentir não apenas à vontade diante de contradições, dualidades e paradoxos, mas mais do que disposto a aceitá-los. Extremamente carismático, seu poder de persuasão o faz flutuar ao redor do impermeável até encontrar uma fenda por onde deslizar.

Seu Ascendente em Gêmeos pode ser conhecido por ter mais perguntas do que respostas. A estagnação nunca é uma opção. Sempre em movimento, o signo simbolizado pelos irmãos gêmeos é mais feliz quando existe diálogo do que se refugiando numa muralha de certezas.

Gêmeos rege os braços e as mãos, bem como os pulmões, e, como todo bom comunicador, precisa do vento para transmitir sua mensagem. O planeta dominante de Gêmeos é Mercúrio, que entra em movimento retrógrado de três a quatro vezes por ano, viajando para o Mundo Subterrâneo. Mudando de direção. Precisando repensar as coisas. Revendo suas opções. Transformando por meio do processo de purificação mental. Você pode se pegar reproduzindo a jornada do seu planeta dominante. Quando distorcido, seu Ascendente pode parecer inconsistente e aéreo demais, fazendo com que as outras pessoas duvidem de suas intenções.

👁 *Afirmações*

- Eu me sinto impelido a trocar o que tenho com aqueles que estão ao meu redor.

- Sou reflexivo, assim como tenho o hábito de questionar as coisas.

📝 *Perguntas para reflexão*

- Você se identificou com essa descrição de Gêmeos? Ela o motivou em algum sentido?

- Você é conhecido pela sua capacidade de se comunicar com as outras pessoas? O que o inspira a coletar informações e disseminá-las à sua maneira?

- Como a curiosidade impulsiona a sua vida diária?

ASCENDENTE EM CÂNCER
♋ ☼

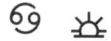

Sentir é o ponto forte de Câncer. Esse signo nos mostra a nossa necessidade de nos conectarmos. De liberar as lágrimas presas dentro de nós. De acolher nosso eu negligenciado. Câncer cria segurança e proteção por meio de laços de afeto que parecem ou são familiares.

Se o seu Ascendente estiver nesse signo cardinal do elemento Água, você será conhecido pela sua capacidade de cuidar dos seus parceiros, amigos e familiares, iniciando-os nos reinos do coração.

Criando conexão por meio da intuição e atendendo às necessidades dos outros, seu Ascendente em Câncer se lembrará de como seus entes queridos gostam mais do seu chá, de como se sentem em relação aos pais e qual a cor dos olhos deles quando não estão felizes. O Ascendente em Câncer adora alimentar e ser alimentado, pois rege o estômago e os seios.

Câncer guarda lembranças. História. Ancestralidade. Com uma tenacidade que vai além do que pode ser considerado saudável, o seu Ascendente em Câncer guardará a lembrança de uma experiência até muito depois de sua data de validade expirar.

Regido pela Lua, seu humor oscila. A Lua está constantemente alcançando a plenitude, minguando e se renovando, revelando sua necessidade de estar num ciclo contínuo de morte e renascimento. Ela nos lembra do quanto é importante não se comprometer excessivamente com um estado ou outro.

Quando distorcida, a sua energia pode ficar sombria, melancólica e morbidamente ligada ao passado. Você pode ser excessivamente sensível e propenso a levar as coisas para o lado pessoal. O símbolo de Câncer é o caranguejo, cuja carapaça dura pode parecer defensiva, apesar do seu ventre macio.

👁 Afirmações

- Estou motivado a sentir e ser sentido.

- Dou mais importância aos locais onde sei que sou apreciado e desejado.

📝 Perguntas para reflexão

- Você se identificou com essa descrição de Câncer? Ela o motivou em algum sentido?

- Seu humor tende a prejudicar a sua capacidade de ser coerente no modo como você se apresenta ao mundo? Como você lida com isso? Você se torna excessivamente defensivo quando se sente vulnerável? O que o ajuda quando isso acontece?

- Você vive tentando identificar quem precisa de cuidados? Como você se sente quando ajuda, alimenta ou ama os outros? Como você gerencia suas expectativas com relação às outras pessoas?

ASCENDENTE EM LEÃO

♌ ☼

Sem vergonha de brilhar, Leão sabe que qualquer performance é, em sua essência, um ato espiritual. O ator sobe no palco e permite que a condição humana, em toda a sua glória e tragicidade, se mostre em benefício do todo. Precisamos de um reflexo verdadeiro da nossa dor, da nossa beleza e dos fardos que carregamos. É terapêutico testemunhar alguém enfrentando aquilo que nós mesmos estamos enfrentando. Essa é a dádiva de Leão.

Pronto para fazer a multidão gargalhar, seu Ascendente em Leão, como seu regente planetário, o Sol, nasceu para ser o centro das atenções. Esse sinal fixo do elemento Fogo faz você se expressar de maneira célebre, chamando, assim, a atenção para si. Outros na presença dele, conscientes ou não disso, se tornarão a sua plateia. Seu ascendente em Leão precisa ser apreciado, amado e adorado pelo que está oferecendo, independentemente do que for.

Leão rege o coração e a coluna. A arrogância dele estimula o seu organismo. Aumenta a frequência cardíaca. Aumenta o fluxo sanguíneo. Brincalhão e espontâneo, seu ascendente em Leão será conhecido pelo seu amor ao drama e o poder de fazer uma entrada triunfal. Como indica a nobreza do seu regente planetário (o Sol), Leão se sente muito à vontade com uma coroa na cabeça.

Esse signo distorcido torna-se obcecado por si mesmo. Egomaníaco, dominador e com a tendência de só olhar para o próprio umbigo, o sempre orgulhoso Leão pode atacar quando provocado. Exalando uma presença poderosa, você precisará aprender em que palcos seu Ascendente em Leão quer brilhar.

👁 Afirmações

- Dou a mim mesmo o direito de me expressar plenamente.
- Estou aqui para deixar minha luz brilhar enquanto desfruto do brilho daqueles ao meu redor.

📝 Perguntas para reflexão

- Você se identificou com essa descrição de Leão? Ela o motivou em algum sentido?
- Pelo que você normalmente recebe atenção? Isso é positivo? Negativo? Você se repreende por precisar de uma certa quantidade de reconhecimento, amor, aplausos ou elogios?
- Pelo que você mais deseja ser conhecido? Pelo que você mais quer ser celebrado? Você é conhecido por ter um temperamento brincalhão? Isso é importante para você? Você é conhecida por ser uma diva? Isso é importante para você?

ASCENDENTE EM VIRGEM

♍ ♎

Com seu Ascendente em Virgem, um signo mutável do elemento Terra, você será conhecido por sua capacidade de tornar as informações a que você tem acesso úteis. Práticas. Aplicáveis. Desenvolvendo as suas habilidades, seu Ascendente em Virgem será mais feliz ao trabalhar com algo que faça sentido para você. Nunca desistindo de aperfeiçoar o que quer que esteja absorvendo sua atenção no momento, sua capacidade de apontar o que não funciona está além da compreensão do resto do mundo.

Virgem é exigente, crítico, profundamente introspectivo, intrigado com sistemas inteligentes – especialmente aqueles que são terapêuticos, eficientes e que ocorrem naturalmente. Seu Ascendente se sente motivado a analisar, digerir e integrar as informações que você adquire. Virgem está sempre no processo de juntar as coisas e remover o que não é necessário. Como tal, rege o intestino delgado, o diafragma, o baço e os intestinos. Isso faz com que você seja adepto da limpeza do sistema físico, emocional e intelectual. Com um dom nato para ser agente de cura, médico, profissional de saúde ou da área médica, seu Ascendente está motivado a encontrar a raiz do problema para trazer cura para o todo.

O símbolo de Virgem é uma moça virgem, geralmente com um maço de trigo e um pássaro, para descrever o corpo de natureza dual desse signo mutável. No mundo antigo, o termo virgem se referia àqueles que pertenciam a si mesmos, não alguém que nunca tivesse feito sexo. Dedicado a descobrir a própria natureza por meio da devoção disciplinada, Virgem usa a prática de autorregeneração como uma maneira de se conectar espiritualmente. Isso pode lhe conferir um estilo que outras pessoas interpretam como fechado, inacessível ou distante quando, na verdade, você está apenas absorvido pelo seu mundo interior.

O que os outros podem não entender é que Virgem tem uma sensibilidade excruciante. Por trás da sua capacidade de crítica, existe um profundo desejo de se alinhar. Virgem purifica e, apaixonada, precisa de um parceiro que esteja disposto a processar constantemente o material do momento.

Quando Virgem está distorcido, sua precisão se volta para dentro. Seu Virgem pode encontrar falhas em tantas coisas que você se convence de que não tem nada a oferecer ou de que não existe nada nem ninguém que valha o seu esforço. Você precisará desenvolver a capacidade de interceptar sua própria autossabotagem, sua autoaversão, ou seu autoescrutínio e, em vez disso, voltar essa energia para o trabalho a serviço de algo maior.

Afirmações

- Eu me dedico a servir o que é sagrado para mim.

- Sou paciente quando as outras pessoas ainda estão aprendendo o que já sei.

Perguntas para reflexão

- Você se identificou com essa descrição de Virgem? Ela o motivou em algum sentido?

- Você é conhecido por ser um trabalhador esforçado? Trabalhar demais é uma segunda natureza para você? Você costuma ser perfeccionista quando está trabalhando em alguma coisa? Você tende a analisar demais as coisas e isso o impede de fazer o trabalho que precisa? Você já usou o trabalho como uma maneira de evitar intimidade, prazer ou a experiência de algum aspecto da sua vida?

- Quando você tende a ser excessivamente crítico consigo mesmo? Quando você tende a ser excessivamente crítico com os outros? Como isso impede a intimidade em sua vida?

ASCENDENTE EM LIBRA

♎ ☿

Seu ascendente em Libra está motivado a iniciar relacionamentos. Esse signo cardinal do elemento Ar tem uma capacidade extraordinária para se conectar com qualquer pessoa, em qualquer lugar e a qualquer momento, se quiser. Mesmo se você for extremamente introvertido, seu Ascendente em Libra tenderá a ser sociável, a ser uma pessoa agradável de se ter por perto e a entender os altos e baixos das outras pessoas.

Regido por Vênus, Libra se esforça para deixar os outros à vontade. Seu Ascendente em Libra provavelmente pode fazer com que outras pessoas façam coisas para você sem que tenham consciência. A mera sugestão é poderosa quando feita por alguém tão adorável.

A beleza, a inspiração na arte e no *design* e a natureza delicada da harmonia estão no alto da sua lista de ativos valiosos. Na maioria das situações, você se sente motivado a inspirar a paz e evitar desentendimentos desnecessários.

O símbolo de Libra é a balança e, como tal, você pode se sentir obrigado a equilibrar qualquer situação em que se encontre. Libra rege os rins, os órgãos que equilibram os eletrólitos em nosso organismo. O que está fora de equilíbrio pode se tornar uma obsessão. Atormentado com a possibilidade de tomar a decisão errada, seu Ascendente em Libra pode muito bem pesar uma escolha até que já seja tarde demais.

Libra procura intuitivamente maneiras pelas quais possa compensar a falta em qualquer situação. Perturbado com a ideia de que possa haver alguém chateado, seu Ascendente em Libra pode sobrecarregar você com a falsa noção de que sua tarefa é se certificar de que as pessoas estejam satisfeitas. A eterna busca por garantir que todos estejam satisfeitos é tempo perdido.

Atormentado pela injustiça, seu Ascendente em Libra precisará conhecer todos os lados de uma questão. Você pode ter dificuldade para impor limites e precisa estar ciente da sua tendência para solapar seu poder de tomar decisões. Sem querer ser visto como a causa de danos ou rupturas, seu Ascendente em Libra pode tentar se ver como alguém que nunca tem culpa de nada, mas isso não existe. Para estar no ringue da vida, você precisa ser capaz de tomar uma posição. Caso contrário, acaba em lugar nenhum.

Distorcido, Libra pode parecer pouco sincero, obcecado pela beleza estética e incapaz de ser direto. Para combater isso, você vai provavelmente precisar cultivar o equilíbrio interior e o amor-próprio.

👁 *Afirmações*

- Estou aqui para experimentar o equilíbrio em qualquer momento da vida.

- Ao buscar a justiça, sempre incluo a mim mesmo.

📝 *Perguntas para reflexão*

- Você se identificou com essa descrição de Libra? Ela o motivou em algum sentido?

- É difícil para você fazer coisas que sente que podem decepcionar as outras pessoas? Você está constantemente pondo na balança o que precisa fazer e o que os outros querem que você faça?

- Você se sente levado a criar justiça, beleza ou conexão entre as pessoas que você ama?

- Quando você vê ou sofre injustiças, em qualquer nível, o que acontece com seu corpo, sua mente e seu coração?

ASCENDENTE EM ESCORPIÃO
♏ ☌

Escorpião, signo fixo do elemento Água, é famoso pela sua capacidade de atravessar até as superfícies mais rígidas, indo muito abaixo do óbvio e explorando o território desconhecido de uma situação. Regido por Marte, o guerreiro, a lança, a arma, ter um Ascendente em Escorpião significa que você está em busca da verdade, não importa o que atravesse o seu caminho.

Provavelmente, você será conhecido por ser estratégico. Paciente. Perceptivo. Poderoso. Capaz de esperar até encontrar no seu caminho o que você quer. Suas reservas de força emocional são inegáveis; elas têm que ser, se você quiser realizar sua missão. Irredutível depois de tomar uma decisão, seu Ascendente em Escorpião lhe dá forças para nunca duvidar de si mesmo. Poderoso o suficiente para demolir qualquer coisa que o impeça de avançar, a energia de Escorpião é implacável em seus esforços. Nenhum julgamento é bom o suficiente. Sua resiliência é incomparável. Sua intensidade, inabalável. É provavelmente por isso que você não toma decisões por impulso. Uma vez a caminho, ai daqueles que tentarem desviá-lo do seu destino. Falar que você é obstinado nem sequer começa a explicar o poder da sua persistência. Regendo os órgãos de reprodução e eliminação, Escorpião não se deixa perturbar pelas fantasias da imaginação. Por explorar as possibilidades do poder e da brincadeira, Escorpião é conhecido pelo seu magnetismo sexual. Mas esse tipo de estereótipo geralmente é equivocado. Escorpião costuma agir como um portal de transformação para as outras pessoas. Por se sentir confortável com o desconforto, Escorpião não tem medo do processo de mudança. Essa intensidade é sedutora e alarmante para os outros. Queira ou não, Escorpião sempre causa uma forte impressão, para dizer o mínimo.

Distorcido, seu Ascendente é capaz de uma autossabotagem destrutiva e obsessiva. Você pode dar as costas ao que mais precisa para provar seus argumentos. Impiedoso, Escorpião distorcido prefere sobreviver às condições mais severas do que ceder ao oponente. Para provar que tem razão, você pode perceber que não tem medo de sofrer – talvez até se sinta muito à vontade diante do sofrimento. Muitas vezes, Escorpião se torna o repositório de tudo o que mais tememos; na verdade, porém, é essa energia que nos ajuda a desafiar, processar e, por fim, superar esses medos.

👁 *Afirmações*

- Direciono minha energia para as pessoas e os lugares que apreciam seu poder e seu impacto.

- Respeito minha força me permitindo ser vulnerável.

Perguntas para reflexão

- Você se identificou com essa descrição de Escorpião? E ela o motivou em algum sentido?

- As pessoas costumam dizer que se sentiram intimidadas quando o conheceram? Você tem uma personalidade misteriosa, que o precede?

- Você está constantemente procurando o motivo oculto de uma pessoa ou situação?

- Quando você está por perto, as pessoas costumam ter experiências emocionais ou catárticas que consideram profundas ou têm dificuldade para entender?

ASCENDENTE EM SAGITÁRIO

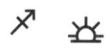

Sagitário é o signo mutável do elemento Fogo que sabe como injetar sua boa vontade no mundo, não importa as circunstâncias. Regido pelo gigante gasoso, Júpiter, Sagitário não conhece eufemismos. Mesmo no menor dos empreendimentos, com um Ascendente em Sagitário, você empenhará todo o seu ser, seu entusiasmo desenfreado e sua leveza até no mais tenso dos negócios. Embora não seja conhecido pela sua precisão, o Ascendente em Sagitário geralmente faz você seguir sua inspiração, em vez de verificar o mapa para obter informações específicas sobre a melhor direção a tomar. Mas, de qualquer maneira, você chega lá.

Com uma energia aparentemente inesgotável, esse signo de Fogo motiva você a vaguear por aí, passear e pensar sobre o que existe além do horizonte. Um signo de corpo dual, tem como símbolo o centauro, que é metade humano e metade cavalo. Meio domesticado e meio selvagem, você lidera tanto com o conhecimento quanto com a impulsividade.

Generoso e ágil, com críticas e elogios, você muitas vezes acaba em confusão por ter dito algo que ninguém mais diria. Varrido pela febre das suas rápidas percepções intuitivas, seu Ascendente em Sagitário deixará você famoso por rasgar todo e qualquer filtro colocado em você.

Como filho do benevolente Júpiter, seu Ascendente incentiva você a dar um salto rumo ao desconhecido, presumindo que terá a sorte de encontrar um solo firme onde apoiar seus pés. E geralmente isso é verdade. É preciso fé e isso você tem de sobra.

Regendo as pernas e as coxas, Sagitário prefere galopar do que andar, fazendo com que as consequências com que se depara no caminho surjam abruptamente, mas sejam superadas com a mesma rapidez.

Quando a energia de Sagitário é distorcida, ela cria uma gula insaciável. Feliz com seus dias de glória, esse jogador arrisca as fichas que não tem. A ânsia pelo próximo grande prêmio pode consumir você. Para corrigir isso, você, como arqueiro, deve mirar sua flecha na verdade e dedicar todo o seu ser a seguir ousadamente sua trajetória ascendente.

👁 Afirmações

- Sou livre para escolher os meus interesses na vida.

- Sempre sei quando ir, quando ficar e quando investigar um pouco mais e ouço a sabedoria intuitiva que me orienta.

📝 *Perguntas para reflexão*

- Você se identificou com essa descrição de Sagitário? Ela o motivou em algum sentido?

- Você é alguém que oferece uma visão otimista, oportunidades, sorte e generosidade em suas interações com os outros?

- Você é conhecido por exagerar nas coisas? Você é conhecido por ser capaz de fazer coisas que os outros acham impossíveis? Você costuma tentar abraçar o mundo com as pernas? Como se sai quando faz isso?

ASCENDENTE EM CAPRICÓRNIO
♑ ⛎

Com o Ascendente em Capricórnio, você será conhecido pela sua capacidade para dar utilidade a qualquer coisa que esteja ao seu alcance. Sua mascote é a mística cabra com cauda de peixe: a cabra escala alturas incríveis enquanto enfrenta impossíveis impasses, e o peixe possui destreza para realizar qualquer tarefa. Você está motivado a realizar feitos fenomenais e ter realizações incríveis ao longo de extensos períodos de tempo.

O humor irônico e afiado de Capricórnio permite que você aceite a vida como ela é. Sem se deixar levar por modismos, seu Ascendente em Capricórnio pode aparecer, aos olhos do mundo, um ancião grisalho, sábio e rabugento. A adolescência é uma fase desconfortável para o Capricórnio. Esse signo regido por Saturno se dá muito melhor com o passar dos anos. A juventude tem muitas qualidades invejáveis, mas o tempo é um professor sem igual.

Capricórnio está interessado no tipo de treinamento rigoroso que exige o aprendizado de uma vida inteira e, com esse Ascendente, você será conhecido pela sua capacidade de envelhecer bem. Sua maior motivação é buscar as pérolas de sabedoria que nunca perdem o brilho. Ninguém supera a sua capacidade de se concentrar num objetivo e alcançá-lo. Capricórnio não precisa de condições confortáveis para prosperar. Também não precisa de tratamento especial, embora nunca rejeite um elogio, um certificado ou o reconhecimento social pelo seu esforço.

Sustentado por um fogo interior, seu Ascendente quer que você atinja seus objetivos com uma mescla de profunda contemplação e um impulso inabalável para fazer as coisas. O rabo de peixe da sua "cabra-do-mar" aponta para as profundezas emocionais que seu signo ascendente vai explorar. Os oceanos simbolizam reinos antigos de conhecimento. Conhecido pela sua autocontenção emocional, você geralmente precisa explorar suas próprias vulnerabilidades em solidão. Regendo os ossos e a pele, o seu Ascendente em Capricórnio prospera quando conhece as regras, os limites e as formas de um relacionamento.

Quando distorcido, Capricórnio é o mestre da autorrestrição, da autonegação, da autorrejeição e da autopunição. Esse é um signo que precisa se lembrar de como deixar o amor, o prazer e a bondade entrarem na sua vida, especialmente quando você sente que falhou em alguma tarefa.

👁 *Afirmações*

- Estou aqui para realizar grandes tarefas, viver um grande amor e sentir e receber afeição.
- Respeito o tempo que levo para dominar o que é mais significativo para mim.

Perguntas para reflexão

- Você se identificou com essa descrição de Capricórnio? Ela o motivou em algum sentido?

- Você é conhecido como alguém maduro e responsável? Quando isso parece um fardo ou é bem aproveitado? Quando isso o ajudou?

- Você muitas vezes se restringe, acha necessário abrir mão do prazer ou fica sem o que os outros considerariam essencial? Em que isso o ajuda ou o impede de alcançar o que quer?

ASCENDENTE EM AQUÁRIO

Aquário não se convence pelo sentimento. Não se mantém no cativeiro da nostalgia. Não é enganado pela bajulação. Signo fixo do elemento Ar, Aquário tem notáveis dons intelectuais. Com esse signo como Ascendente, você será conhecido pela sua capacidade de entender os sistemas em que vive e inová-los para o benefício de todos os envolvidos.

Com Ascendente em Aquário, você não ficará satisfeito em seguir o rebanho. Você se define pensando por si mesmo. Sem medo de se destacar do grupo ou de ser excluído por causa das suas ideias, seu Ascendente em Aquário é socialmente consciente, mas nem um pouco interessado em agradar as pessoas.

Como você não chega a conclusões sem pensar muito primeiro, não é fácil influenciá-lo. Regido por Saturno, Aquário é capaz de separar os fatos da ficção. Os signos regidos por esse planeta têm um profundo respeito pela lógica, pelos limites e pelos sistemas. Você pode não aderir a esses sistemas, mas saberá muito bem as regras do jogo.

Querendo ser conhecido por sua clareza, certeza e perspectiva sensata, você precisará demonstrar seu destemor quando testemunhar a verdade ou revelá-la. O aguadeiro do zodíaco derrama as libações das quais a humanidade tem sede. Trate-se de protestos mundiais ou não, seu Ascendente em Aquário é durão o suficiente para não levar a reação de ninguém para o lado pessoal.

A natureza purificadora das águas de Aquário representa a criação de uma inteligência criativa universal. Embora não seja um signo de Água, Aquário rege a circulação do sangue no corpo, bem como os tornozelos. Como Saturno é seu regente, a circulação no corpo muitas vezes pode ser restrita, adicionando uma manifestação literal e física da notória frieza desse signo.

Distorcido, Aquário é frio em suas percepções. Mas a lógica divorciada da sabedoria do coração pode conter apenas verdades parciais. Reservado e distante, do ponto de vista emocional, Aquário pode se trancar na torre de marfim da intelectualidade, mas sua inteligência emocional não deve ser subestimada. Aquário precisa aprender que as emoções têm seu próprio brilho, levando-nos à verdade de uma situação que a lógica por si só não consegue encontrar.

👁 Afirmações

- Admito minha necessidade de ser reconhecido pelo meu intelecto.

- A vulnerabilidade tem sua própria sabedoria.

📝 *Perguntas para reflexão*

- Você se identificou com essa descrição de Aquário? Ela o motivou em algum sentido?

- Você é conhecido pela sua clareza intelectual? Como isso o beneficia? Como isso o atrapalha?

- Você veio para este mundo querendo entender os sistemas em que vivemos, como trabalhar com eles e como subvertê-los, reformulá-los ou inová-los?

ASCENDENTE EM PEIXES

♓ ☼

Talvez o mais mutável dos signos, Peixes e suas águas não podem ser contidos. Não tente arrebanhar peixes nadando em direções opostas se deseja usar sua energia com sabedoria. Qualquer pessoa que tente controlá-lo receberá um aviso desse imperceptível mestre de autodefesa. Seu Ascendente em Peixes está motivado a experimentar a vida, não para controlar ou ser controlado por ela.

Um signo da Água de corpo dual, seu Ascendente em Peixes tende a se mover em todas as direções, reunindo influências de várias fontes e despendendo sua energia de várias maneiras diferentes. Como muitas vezes isso lhe causa um certo desgaste, um dos seus maiores desafios será aprender a conservar sua força vital e direcioná-la para o seu objetivo.

Peixes, assim como a água, permeia, escoa, se espalha e evapora sem deixar vestígio. Você provavelmente será conhecido pela sua capacidade de vencer até as pessoas mais estoicas e severas e os lugares e fronteiras mais rígidos e ermos. Como ondas batendo nas pedras, o impacto do seu Ascendente em Peixes sobre as outras pessoas é sentido como compaixão, bondade e empatia incomparáveis – o tipo de influência que aos poucos conquista aqueles que recusam sua amizade sem uma boa razão. Seja você enfermeiro, curandeiro ou médico, seu conhecimento da dor e da cura (geralmente expresso em bondade) é um bálsamo com infinitas aplicações. Como artista ou poeta, seu ascendente em Peixes sabe como infundir qualquer meio com criatividade, imaginação e capacidade emocional para se relacionar.

Regido por Júpiter, Peixes é fértil e regenerador. Como um signo do elemento Água, ele está constantemente intuindo as experiências emocionais das outras pessoas e, como tem acesso à cura, sente-se compelido a cuidar das feridas daqueles que não estão prontos para se curar.

Quando distorcido, seu Ascendente em Peixes pode lhe dar a reputação de ser mártir, sem fronteiras, estrutura ou direção. Encantador como modo de evitar as responsabilidades, a simpatia do seu Ascendente em Peixes pode funcionar contra a sua necessidade de desenvolver disciplina. Regente dos pés, Peixes precisará encontrar uma maneira de se aterrar no mundo e não ceder à tentação de nadar para longe.

👁 Afirmações

- Eu sigo o fluxo, respeitando as minhas necessidades.

- Quando vejo você, sou mais capaz de ver a mim mesmo.

📝 Perguntas para reflexão

- Você se identificou com essa descrição de Aquário? Ela o motivou em algum sentido?

- Você consegue encontrar maneiras de escapar de situações desconfortáveis, enfadonhas ou opressivas? Como isso o ajuda? Como isso o atrapalha?

- Você tem capacidade ou propensão para se moldar à situação em que está? Você tende a perder de vistas as suas próprias necessidades para ajudar os outros? Você é excessivamente suscetível a absorver as emoções, o estado de espírito e os problemas das pessoas ao seu redor?

PLANETAS NO MESMO SIGNO QUE O SEU ASCENDENTE
QUEM ESTÁ INFLUENCIANDO A MOTIVAÇÃO DA SUA VIDA?

Além de compreender o significado e as implicações do seu Ascendente, também é importante entender a natureza dos planetas presentes na sua Casa 1, para descobrir qual é a motivação da sua vida, o modo como você expressa essa motivação e pelo que você quer ser conhecido. Isso porque o Ascendente está na Casa 1 e é sinônimo dessa casa.

A Casa 1 é a única casa do mapa dedicada exclusivamente a você. É a casa do corpo, do eu, da aparência e da identidade; portanto, qualquer planeta na Casa 1 ajudará a compor a sua personalidade de uma maneira muito íntima e óbvia.

Em geral, os planetas da Casa 1 têm uma força extra e um grande impacto no modo como você se expressa. Nem todo mundo tem planetas na Casa 1. Se não houver planetas nessa casa, não tenha receio. Não é raro ou incomum ter casas vazias de planetas. Na verdade, é impossível ter um planeta em todas as casas. Se você tem planetas na Casa 1, lembre-se de que eles têm um enorme impacto sobre a sua identidade, sua aparência, seus maneirismos e sua experiência física.

Por exemplo, se você tem Ascendente em Sagitário, ou seja, é uma pessoa de fé, otimista, que gosta de diversão, mas também tem um Saturno severo e imponente em Sagitário, na Casa 1, isso muda a maneira como você vai expressar seu Ascendente em Sagitário. Sem estar solto no mundo, em seu estado bruto e extremo, seu Ascendente em Sagitário tem que passar pelo filtro de Saturno, por assim dizer. Com essa combinação, você ainda vai querer ser conhecido como alguém que é inspirado e orientado para a ação (Sagitário), mas também como alguém que é disciplinado, responsável e autônomo (Saturno). Saturno na Casa 1 é reservado. O Ascendente em Sagitário é tudo menos isso. Portanto, Saturno em Sagitário na Casa 1 precisa encontrar uma maneira de inspirar outras pessoas, demonstrar sua capacidade de agir de acordo com sua intuição e ser visto como alguém que faz isso com grande autodisciplina.

Cada planeta da Casa 1 disputará o controle de como você se expressa. Se você tem vários planetas nessa casa, pode observar que precisa lidar com muitos paradoxos em sua personalidade.

De modo geral, qualquer planeta da Casa 1 estará ativo na sua experiência de vida. Quanto mais próximo o grau (especialmente até 3 graus) do Ascendente, mais ativo o planeta estará na sua vida.

Mapas astrológicos, assim como os seres humanos e as situações que eles representam, são cheios de paradoxos. Você pode ter um Ascendente em Libra com Marte em Libra na Casa 1. Como você mantém a paz e inicia relacionamentos (Ascendente em Libra) se tem a natureza de um guerreiro e espírito independente (Marte na Casa 1)?

Essa é a maior dificuldade do ser humano.

A dra. Maya Angelou tinha Netuno na Casa 1. Netuno é o planeta de transcendência, do escapismo, do idealismo e da fantasia. Netuno na Casa 1 pode dar à pessoa um ar meio transcendental. Qualquer planeta na Casa 1 vai aparecer com destaque na vida da pessoa, querendo ser expresso por meio do veículo do eu (Casa 1). Nesse caso, Netuno influenciou a maneira como Leão, Ascendente de Maya, se expressou, acrescentando uma qualidade etérea à *persona* dela.

Como Netuno põe abaixo os limites que inibem a conexão, podemos considerar que isso pode ter ajudado o trabalho de Maya e levado a personalidade dela a sentir ressonância com tantas pessoas. Seus romances autobiográficos são pungentes, atemporais e cheios de profundidade e significado, mas foram muitas vezes criticados pelo fato de nem sempre serem cronologicamente corretos. Alguém com Netuno na Casa 1 pode estar mais preocupado em deixar uma impressão, um sentimento e uma visão correta do que em demonstrar precisão nas datas, nos horários e nos detalhes.

Agora é hora de escolher sua própria aventura. Se você tem planetas na Casa 1, avance para ler sobre a influência desses planetas. Se não houver planetas na sua Casa 1, avance até a próxima seção, para ler sobre o planeta que rege o seu Ascendente.

QUEM ESTÁ INFLUENCIANDO A MOTIVAÇÃO DA SUA VIDA?

Você tem planetas no mesmo signo que o seu Ascendente?

SOL NA CASA 1
☉

O Sol na Casa 1 dará à sua personalidade uma vibração extra e a capacidade de brilhar. Você precisa viver o propósito da sua vida sendo você mesmo e dominando seu jeito de se expressar. Ter o Sol nessa casa significa que você nasceu por volta da hora do nascer do sol, que tem o mesmo signo solar que o seu Ascendente e que você carrega a energia do amanhecer em sua personalidade.

Perguntas para reflexão

- Você se sente especialmente motivado a se expressar? Como essa vontade de se expressar se manifestou na sua vida? Caso isso ainda não tenha acontecido, como você gostaria que essa característica se manifestasse na sua vida?

- As pessoas costumam dizer que você tem uma *persona* ou personalidade forte? Como isso faz você se sentir?

- Você tem muita energia ou força física? O que isso o ajuda a realizar?

LUA NA CASA 1

☾

A Lua na Casa 1 confere uma sensibilidade extra à sua vida, mutabilidade e talvez oscilação no humor. Personificar a Lua significa estar sempre em fluxo. Como a Lua é uma superfície reflexiva, você pode espelhar as outras pessoas – na maioria das vezes, uma qualidade irresistível aos olhos de todos. Todo mundo anseia por se sentir refletido, visto e reconhecido. Ter a Lua na Casa 1 ajuda você a se conectar com os outros refletindo-os.

Perguntas para reflexão

- Você costuma ser conhecido como alguém emocionalmente receptivo, atencioso, sensível e mutável? Em que essas qualidades o ajudam na vida? O que elas dificultam às vezes?

- Você percebe que a sua oscilação de humor afeta a sua energia física? O que o ajuda a superar sentimentos difíceis?

- A forma do seu corpo ou seu estilo tendem a oscilar muito? Você consegue apreciar essas mudanças da mesma maneira que aprecia as diferentes fases da Lua?

MERCÚRIO NA CASA 1

☿

Mercúrio na Casa 1 não está apenas bem colocado, porque está na Casa 1, mas é duplamente abençoado, porque a Casa 1 é o lugar da sua alegria. Mercúrio nessa casa fará a comunicação e as interações com outras pessoas algo essencial para você expressar a sua identidade.

Perguntas para reflexão

- Escrever, se comunicar, ensinar, aprender ou praticar a arte da magia são uma grande parte da sua identidade ou são atividades pelas quais as pessoas o conhecem? Em qual desses ofícios você é particularmente qualificado? Quando você passou a entender que tinha talento para essas atividades?

- Você costuma consumir muita informação, ter a mente forte ou a capacidade de se comunicar com grande clareza? O que você faz com esse talento?

- Seu estilo é mutável? As pessoas muitas vezes dizem que você muda de um dia para o outro? A que essa versatilidade lhe dá acesso?

VÊNUS NA CASA 1
♀

Vênus na Casa 1 lhe dará uma personalidade agradável, que se concentra em atrair o que quer e precisa por meio da graciosidade, da beleza e da criatividade. O principal trabalho de Vênus é se reunir com as outras pessoas de uma maneira agradável e harmoniosa, por isso esse traço se torna uma parte da sua personalidade e dos seus interesses. Vênus na Casa 1 é uma benção; a única maldição em potencial é não conseguir pedir o que você precisa com medo de incomodar os outros.

Perguntas para reflexão

- Você se sente motivado a inspirar conexões, beleza e amor? Como faz isso?

- Você é conhecido por ser acessível? O que isso traz de bom a você? Em que situações isso o sobrecarrega? É difícil para você recusar os convites e pedidos das outras pessoas?

- As pessoas tendem a gostar de você sem que tenha que se esforçar para isso? Você muitas vezes atrai a atenção das outras pessoas, querendo ou não? Em que isso atrapalha a sua vida? Em que isso a ajuda?

MARTE NA CASA 1
♂

Com Marte na Casa 1, você será conhecido como alguém que precisa lutar, com ou sem uma causa. Esse posicionamento é um pouco mais fácil para aqueles que são estimulados a serem corajosos, desafiadores e voltados para a ação. Os atributos positivos de Marte têm mais chance de prosperar se você costuma ser aplaudido pela sua independência. A coragem reina suprema se você tiver Marte na Casa 1. Marte é guerreiro e um guerreiro respeitado não se comporta como aquele que é mal compreendido ou, pior, criticado pelo seu espírito de luta. Quando Marte se depara com um obstáculo (quando, por exemplo, está num signo difícil ou forma um aspecto difícil com Saturno), ele encontra conflitos com facilidade e resoluções com maior desafio, fazendo que a sua vida seja uma lição de resolução de conflitos. Marte na Casa 1 também pode significar que você tem algum tipo de inflamação no corpo que precisa ser moderado, resfriado e acalmado.

📝 *Perguntas para reflexão*

- Você é conhecido por correr riscos? O que essa reputação significa para você? Como é sua vida quando não pode assumir riscos?

- Quanto mais ativa é a sua vida, mais motivado você fica? O que costuma motivá-lo a agir?

- Você se sente levado a fazer o que os outros consideram um gesto de coragem? Isso às vezes faz com que falem que você é argumentativo e costuma dividir opiniões? Como você encara esse *feedback*?

JÚPITER NA CASA 1
♃

Júpiter na Casa 1 aumenta seu impacto sobre o mundo. Júpiter é grande. Esse planeta tem presença e na Casa 1 ele confere a você o mesmo impacto. É um planeta que multiplica tudo que toca. Quando está na Casa 1, ele pode dar a você uma vivacidade incomparável ou uma grande sede de viver. Isso pode lhe propiciar uma proeminência física, uma risada bombástica, generosidade, espiritualidade e abundância ou opulência. Júpiter pode ser bastante excessivo e, na Casa 1, pode criar um desejo por grandes doses de tudo que lhe interessa.

📝 *Perguntas para reflexão*

- Você é conhecido pela sua generosidade? O que acha que isso lhe traz, lhe ensina ou lhe facilita?

- Você costuma transmitir uma sensação abundante de boa vontade, o que lhe dá sorte aonde quer que vá? Onde você aprendeu isso? O que você aprende fazendo isso?

- Você é conhecido pelo conhecimento ou interesse que tem pela cura, pela medicina ou por tradições de sabedoria? O que você faz com esses talentos?

- Você é levado a manifestar abundância no mundo? Que tipo de abundância? O que faz você se sentir mais abundante?

SATURNO NA CASA 1
♄

Saturno na Casa 1 é traiçoeiro, pois significa que você precisa personificar o planeta dos limites, da disciplina e da rejeição. Saturno certamente pode lhe emprestar profissionalismo, maturidade e desejo para se desenvolver em algo substancial, mas também pode levá-lo a descartar o que traz alegria e abundância. Como a Casa 1 é o corpo, Saturno nessa casa pode deixá-lo mais lento, inibir seus movimentos ou criar rigidez no corpo. Responsabilidades podem parecer mais um fardo do que um degrau em direção ao seu autodesenvolvimento (pelo menos no início). Saturno na Casa 1 pode conferir à sua personalidade ou aparência um estilo ou tom austero, sério, reservado e tranquilo. Aqui, Saturno quer ajudar você a aprender sobre autodomínio, honrando o amadurecimento e a sabedoria que ela traz.

📝 *Perguntas para reflexão*

- Você tende a sentir rigidez no corpo ou tensão nos músculos? O que o ajuda a se soltar?

- Costuma dizer não às pessoas? Você sente que tem responsabilidades demais ou sente o impulso de impor limites aos outros? De que forma isso se torna cansativo ou um peso no seu organismo?

- Você se sente motivado a se tornar um mestre no que faz? Até que ponto? Você trabalha duro para desenvolver sua autoridade? O que o atrapalha ao tentar fazer isso?

Os planetas modernos

Lembre-se de que, na astrologia tradicional, Urano, Netuno e Plutão não são regentes de signos e, portanto, não estão "bem ou mal" localizados em nenhum signo em particular. Eles são planetas extremos, mas não relevantes, do ponto de vista pessoal. Esses planetas se movem tão lentamente que gerações de pessoas com o mesmo signo ascendente terão esses planetas externos na Casa 1.

URANO NA CASA 1
♅

Urano na Casa 1 respira a não convencionalismo; ele faz de você alguém um tanto perturbador, excêntrico e elétrico. Urano é uma influência inquietante, como se você nunca soubesse o que ele vai mudar em seguida. Você precisa encontrar maneiras de direcionar sua energia para que possa efetivamente romper com o que está desatualizado e precisa de inovação.

Perguntas para reflexão

- Você se sente motivado a interromper sistemas que lhe parecem ilógicos? O que geralmente acontece em resultado disso?

- Você é ou já foi um rebelde sem causa (ou é visto como um)? Como isso afeta a sua percepção de si mesmo?

- Você é capaz de dar uma guinada na sua vida, assumir grandes riscos ou se reinventar do nada? Escreva sobre algumas das vezes em que fez isso. Quais dessas mudanças foram capazes de abrir espaço para coisas novas na sua vida?

- As outras pessoas acham esse seu aspecto empolgante, revigorante ou inquietante (especialmente se elas forem do tipo que precisa de coerência e respeito às normas sociais)? Como você costuma lidar com a opinião dessas pessoas?

NETUNO NA CASA 1

♆

Netuno na Casa 1 lhe dá a capacidade de se conectar com muitas pessoas. Esse planeta torna os limites porosos e pode corroer os que você estabelece. Também pode imbuir sua personalidade de uma incrível imaginação e capacidade para se metamorfosear e ser muitas coisas para muitas pessoas. Com Netuno nessa casa, você pode facilmente se perder nas fantasias que os outros têm de você. Muitas vezes oprimido pelas necessidades e emoções alheias, Netuno na Casa 1 pode exigir que você aprenda a impor seus limites pessoais. Netuno pode lhe conferir uma natureza glamorosa e transcendente, o que pode aumentar o fascínio que você provoca nos outros.

Perguntas para reflexão

- Você é conhecido pela sua compaixão, pela sensibilidade inata com relação ao que os outros estão passando e pela sua capacidade de se fundir ou se mesclar com quem está por perto? Em que esses atributos lhe são úteis? Quais causam certa dificuldade na sua vida?

- A sua versatilidade às vezes torna difícil, para você, saber o que quer? Ou, em certos momentos da sua vida, tornou difícil para você saber quem você é? Descreva alguns desses casos.

- A criatividade, a espiritualidade e o serviço aos outros fazem com que você se sinta mais centrado e com os pés no chão? Em que áreas da sua vida você está fazendo isso de uma forma que o ajuda a se sentir reenergizado?

PLUTÃO NA CASA 1
♇

Plutão na Casa 1 lhe dá profundidade e intensidade pessoal. Esse planeta pode criar traços de personalidade obsessivos, que podem ser redirecionados para estudos profundos, investigações e canalização do seu poder pessoal para o bem. Plutão quer mergulhar nas profundezas da vida e, com esse planeta nessa casa, você pode precisar de atividades que evoquem muitas experiências transformadoras.

Perguntas para reflexão

- Você é conhecido como alguém que está constantemente se reinventando? O que inicia essas transformações?

- Você é conhecido como uma pessoa poderosa? Como você canaliza seu poder de criar mudanças positivas no mundo?

- Você é alguém que provoca nos outros uma experiência poderosa, catártica e possivelmente terapêutica? Você já teve a impressão de que as pessoas se aproximam de você enquanto precisam ser curadas e depois se afastam? Você já teve a impressão de que os outros se apoiam em você quando precisam de força em vez de se esforçar para se desenvolver? O que essas experiências lhe ensinaram em termos de cuidar de si mesmo?

- Você tende a atrair pessoas influentes para você? Já teve muitas experiências extremas em consequência disso? Escreva sobre algumas delas.

O PLANETA QUE REGE O SEU ASCENDENTE
QUEM ESTÁ NO LEME DO NAVIO DA SUA VIDA?

Que planeta rege o seu Ascendente?

Se quisermos saber que tipo de jornada devemos seguir para sentir que estamos vivendo o propósito de nossa vida, precisamos saber qual planeta rege o nosso Ascendente. O planeta que rege o signo do seu Ascendente é o planeta que determina a direção da sua vida.

Cada planeta tem uma função específica: o Sol se expressa, a Lua reflete e irradia, Mercúrio se comunica, Vênus cria beleza e constrói relacionamentos, Marte defende e protege, Júpiter se expande por meio do otimismo e Saturno constrói estruturas e estabelece limites.

Se quisermos conhecer a natureza, a energia e a ênfase do desejo que impulsiona a nossa vida, o planeta que rege nosso Ascendente vai nos revelar muita coisa. Se quisermos conhecer os desafios e as dádivas que estão ao longo do nosso caminho, esse planeta irá apontar para o que não podemos ignorar.

Alguns de nós tem um regente do Ascendente – o timoneiro – que é eficiente, capacitado e apto a levar nossa vida adiante (como um planeta num signo, ele se sai bem em seu domicílio ou sua exaltação). Alguns de nós têm um timoneiro um pouco mais rebelde, que nos leva por muitos caminhos diferentes, que tanto podem ser desvios quanto partidas importantes (como um planeta num signo em que precisa se esforçar muito para se expressar – seu detrimento ou sua queda). Alguns de nós têm um timoneiro que está num signo neutro para ele (qualquer signo que não seja domicílio, detrimento, exaltação ou queda) e operará segundo a natureza desse signo.

Neste capítulo, explico em detalhes cada planeta em seu domicílio, seu detrimento, sua exaltação e sua queda. É importante conhecer as tendências do regente do seu Ascendente. Ele está afastando você do caminho certo? É especialmente poderoso e talvez um pouco radical demais? Ele vai ajudar você a ganhar alguma notoriedade por sua especialidade? Ou vai adotar o mesmo estilo do signo em que está, sem causar nenhuma complicação? Como o guia a seguir é bastante completo, você também pode aplicá-lo a qualquer outro planeta do seu mapa. Por exemplo, se você tem Vênus em Peixes, o signo da sua exaltação, mas ele não é o regente do seu Ascendente, mesmo assim você ainda se beneficiará com as informações fornecidas.

A dra. Maya Angelou e Frida Kahlo têm, ambas, Ascendente em Leão. O Sol rege o Ascendente de ambas. Quando o Sol (ou a Lua) também é o regente do Ascendente, a ênfase nesse luminar é digna de nota. Como aprendemos, o significado tanto do Sol quanto da Lua não deve ser subestimado e, quando um deles também é regente do Ascendente, ele está cumprindo um dever duplo. Com o Sol regendo o Ascendente tanto de May quanto o de Frida, sabemos que o modo como elas brilhavam (o signo em que o Sol estava quando nasceram) não era significativo apenas em termos de cumprir seu propósito (o Sol), mas também no modo como conduziam a vida delas (o regente do Ascendente). Como o regente do Ascendente de Maya, o Sol, estava em Áries (ousado e intrépido), o signo da sua exaltação, ela era dotada de um timoneiro capaz de fazer seu trabalho com eficiência, garantindo até mesmo fama e reconhecimento. O Sol de Frida Kahlo estava num signo neutro, Câncer, então o Sol regia a vida dela de uma maneira que era emotiva, carinhosa e sensível. Como o Sol não está nem forte nem enfraquecido em Câncer, verificamos outros fatores para determinar até que ponto foi fácil ou desafiador, para ela, viver o propósito da sua vida, ou seja, a casa em que o regente do Ascendente está e os aspectos dos outros planetas.

Agora é hora de escolher sua própria aventura. Por favor, avance até a seção sobre o planeta que rege seu signo ascendente.

SOL COMO REGENTE (ASCENDENTE EM LEÃO)

Se você tem Ascendente em Leão, o Sol é o seu regente. Isso dá a você dois planetas nos quais focar (o Sol e a Lua), em vez de três (o Sol, a Lua e o regente do Ascendente).

Se o Sol é o regente do seu Ascendente, a sua vida é direcionada para desenvolver seu senso de identidade e coloca uma ênfase adicional na casa em que seu Sol está e na área da vida em que ele está aqui para iluminar. Com o Sol como regente do Ascendente, a maneira como você se expressa, demonstra sua coragem e exala autoconfiança torna-se central para a sua história e sua capacidade de viver o propósito de sua vida. Qualquer signo em que o Sol esteja revelará seu estilo de fazer o que você faz. Para maiores informações sobre o signo em que seu Sol está, releia a descrição do seu signo solar.

Perguntas para reflexão

- Com o Sol como regente do seu Ascendente, o que você nota sobre sua energia quando dedica seu tempo e seus recursos ao desenvolvimento do seu senso de identidade?

- Até que ponto o seu autodesenvolvimento influencia o propósito da sua vida positivamente ou está intimamente ligado com esse propósito?

- Em que área da sua vida você mais deseja brilhar?
- O que você é mais capaz de servir quando se sente visto, reconhecido ou aplaudido?

LUA COMO REGENTE (ASCENDENTE EM CÂNCER)

Se você tem Ascendente em Câncer, a Lua é seu regente. Num certo sentido, isso torna o seu trabalho um pouco mais fácil, já que você tem apenas dois planetas para enfocar (o Sol e a Lua), em vez de três (o Sol, a Lua e o regente do Ascendente).

Se a Lua é o regente do seu Ascendente, a sua vida é direcionada para a sua capacidade de refletir, de se emocionar, de cuidar, de construir laços e de encontrar maneiras de incorporar o poder do propósito da sua vida em tudo o que você faz. Como a Lua reflete o brilho do propósito da sua alma (o Sol), ela faz isso por meio de pequenos rituais, atividades e realizações diárias. A descoberta do seu caminho para manifestar seu potencial neste mundo, um pouco de cada vez, honra a potência, o impacto e o poder da direção de sua vida.

Como regente do seu Ascendente, a Lua irá guiar sua vida em direção à conexão, aos laços familiares, aos rituais diários e espirituais e às práticas que o ajudam a regenerar sua energia. O signo em que sua Lua está revelará o estilo específico em que o propósito da sua vida é vivido. Para obter mais informações sobre o signo em que a sua Lua está, por favor, releia a descrição do seu signo lunar.

📝 *Perguntas para reflexão*

- Em que áreas da sua vida o ato de refletir emoções é parte integrante do seu sucesso?

- O que você acha que as outras pessoas normalmente pedem para você refletir de volta para elas?

- Como você se sente quando pode ajudar outras pessoas?

- Até que ponto o seu sucesso está vinculado à capacidade de lidar com as suas próprias emoções? Até que ponto o seu sucesso está vinculado ao ato de ajudar os outros a reconhecer e processar suas próprias emoções? Como você ajuda você mesmo e as outras pessoas a se ligar mais ao próprio corpo?

MERCÚRIO COMO REGENTE
(ASCENDENTE EM GÊMEOS, ASCENDENTE EM VIRGEM)
☿ ⊙

Se Mercúrio é o regente do seu Ascendente, a sua vida é direcionada para a capacidade de se comunicar, aprender, disseminar, facilitar e fornecer as informações mais importantes para você. O signo em que Mercúrio está revelará o estilo particular pelo qual você faz isso.

Você pode reconhecer a energia de Mercúrio certificando-se de que tem muitas coisas interessantes para aprender enquanto ensina. Mercúrio é o planeta da dualidade; honre isso recebendo e distribuindo sempre as informações que adquiriu.

O signo em que Mercúrio está em seu mapa dirá a você o estilo pelo qual você busca cumprir o objetivo principal da sua vida. Lembrando que nem todo planeta tem a mesma clareza, força ou habilidade em cada signo, você vai querer saber com que destreza o planeta que está no leme do navio da sua vida é capaz de realizar essa tarefa.

A seguir estão as descrições de Mercúrio segundo os signos. Por favor, leia a descrição do seu Mercúrio e responda a todas as perguntas que fizerem sentido para você.

Em casa e à vontade: **Mercúrio em Gêmeos ou Virgem**

Se o regente do seu Ascendente é Mercúrio e está em Gêmeos ou Virgem, é mais fácil para esse planeta realizar a tarefa de dirigir a sua vida, pois Mercúrio está em casa (em seu domicílio) nesses dois signos. A moeda de Mercúrio é o conhecimento. Em Gêmeos e Virgem, Mercúrio tem uma força incrível e, em muitos casos, ele vai a extremos em suas habilidades e atividades. Embora isso seja uma coisa "boa", não é suficiente para tornar a sua vida fácil. No entanto, tornará seu talento mais óbvio.

MERCÚRIO EM GÊMEOS

Em Gêmeos, um signo do Ar, Mercúrio se concentra em como pode reunir, interpretar e distribuir conhecimento. Relatando os dados que possui, esse planeta oferece um fluxo de informações não filtradas. Transmitir suas mensagens com grande velocidade é mais importante do que classificar o que ele está transmitindo. Mercúrio em Gêmeos é falante e capaz de oferecer e receber informações sem se sentir muito sobrecarregado com o impacto emocional disso. Ele simplesmente reúne e dissemina informações.

MERCÚRIO EM VIRGEM

Em Virgem, um signo da Terra, Mercúrio analisa, categoriza e integra informações. Nesse caso, Mercúrio está em seu domicílio e exaltado (o único planeta que fica em seu domicílio e em exaltação no mesmo signo). Obcecado em organizar e utilizar as informações que tem, Mercúrio como regente de Virgem se preocupa mais em corrigir as informações que coleta do que em acumular cada vez mais (como pode acontecer em Gêmeos). Mercúrio em Virgem é atencioso em sua abordagem. Atento. Crítico. Exato. Analítico ao extremo. Ele está preocupado em digerir, assimilar e integrar o conhecimento. Preocupa-se com o posicionamento e a categorização adequados das informações que coleta. É a precisão em pessoa.

Magia e desordem: **Mercúrio em Sagitário ou Peixes**

Mercúrio sente dificuldade em Sagitário (seu detrimento) e em Peixes (sua queda), pois ambos os signos estão mais preocupados com o quadro maior, não com as muitas pinceladas necessárias para pintá-lo. Se Mercúrio é o regente do seu signo ascendente e está em Sagitário ou Peixes, não se desespere! Só saiba que às vezes você pode se perder ao longo do caminho. Lembre-se de que os desafios no seu mapa são os aspectos da sua personalidade em que você mais precisa se aprimorar e prestar atenção. Isso muitas vezes lhe propicia as habilidades que o ajudam a dar passos largos.

MERCÚRIO EM SAGITÁRIO

Mercúrio em Sagitário está em seu detrimento, o que significa que tem que atuar num estilo que é estranho ao dele. Embora Sagitário procure a verdade suprema, pode perder muitos dos detalhes, fatos e conhecimentos básicos de que necessita. Mercúrio em Sagitário adora embarcar em grandes aventuras para lugares distantes e terras longínquas, mas será que ele tem tempo, energia e recursos para concluir sua tarefa? Ao longo do caminho, Mercúrio descobre todos os tipos de ideias interessantes, mas muitas vezes se sente sobrecarregado com o grande volume de informações que adquire. Sagitário sempre cresce. Se você permitir, Mercúrio em Sagitário relatará fatos para você o dia todo. Ele vai levá-lo a grandes aventuras em termos de informação. E vai mais longe do que precisa, e isso geralmente significa que ele deu uma volta ao mundo quando só precisava descer o quarteirão. Se seu signo ascendente for Gêmeos ou Virgem e seu Mercúrio estiver em Sagitário, será importante para você aprender como permanecer nos trilhos, concluindo as tarefas a mão, de maneiras que não desperdicem muitos recursos.

MERCÚRIO EM PEIXES

Mercúrio em Peixes está em queda, o que significa que luta para ser conhecido, apreciado ou valorizado pelo trabalho que o planeta deve fazer. Os planetas em queda são muito parecidos com as pessoas que caem em descrédito. Mercúrio em Peixes não vai necessariamente ser conhecido pela sua clareza. Peixes tende a ser poético. Não linear. Não binário. Impressionista. Sentimental. Etéreo. Aqui, Mercúrio pode ter que se esforçar para coletar fatos, pois eles não vão necessariamente manter seu interesse. Com esse posicionamento, as coisas não precisam ser verdadeiras para estarem certas. Peixes é um signo que vive na sua própria realidade, criando mundos dentro de mundos. Aqui, Mercúrio pode ter dificuldade para manter o foco, mas sempre encontrará algo interessante para desviar sua atenção. Se Mercúrio é o regente do seu Ascendente e está em Peixes, você precisa encontrar maneiras de canalizar sua criatividade e concentrar sua energia no seu objetivo. Peixes quer ir a todos os lugares ao mesmo tempo e, por ser o planeta que determina a direção da sua vida, isso pode fazer com que você ache um desafio concentrar energia e atenção em alguma coisa. Você pode precisar seguir em várias direções diferentes, mas tome cuidado para não gastar toda a sua energia em distrações.

Mercúrio em todos os outros signos

Mercúrio em Áries (ousado e explícito), em Touro (lento e constante), em Câncer (sensível e intuitivo), em Leão (dramático e iluminador), em Libra (justo e íntegro), em Escorpião (profundo e penetrante), em Capricórnio (pragmático e estratégico) e em Aquário (lógico e completo) é bastante neutro. Mercúrio em qualquer um desses signos não é particularmente fraco ou forte. Mercúrio em qualquer um desses signos vai, é claro, transmitir e receber informações com base no estilo do signo em que está. Por exemplo, Mercúrio em Áries como regente do seu signo ascendente vai direcionar sua vida para um estilo independente e um jeito ousado de falar.

Perguntas para reflexão

- O que você está comunicando quando se sente mais vivo, mais estimulado ou mais em harmonia com o propósito da sua vida?

- O que o ensino, a escrita ou a disseminação de informações lhe propiciou, no que diz respeito à direção da sua vida?

- O que você se sente inclinado a aprender? Você se dá o direito de fazer isso? Você leva a sério sua necessidade de aprender?

- Você é proficiente em vendas? O que isso o ajuda a realizar?

- O seu Mercúrio está num signo forte, desafiador ou neutro? Como o estilo do signo em que seu Mercúrio está afeta as maneiras pelas quais você direciona a sua vida?

VÊNUS COMO REGENTE (ASCENDENTE EM LIBRA, ASCENDENTE EM TOURO)

♀ ⊙

Se você tem Touro ou Libra como Ascendente, Vênus é o regente do seu signo ascendente. Se Vênus é o regente, a sua vida é direcionada pelo planeta que busca amor, beleza e prazer. O sentimento do seu Sol ou da sua Lua pode ser contrário aos desejos de Vênus, mas, se o planeta do amor e da conexão norteia a sua vida, você terá que encontrar maneiras de obedecê-lo.

Você honra Vênus quando busca prazer, beleza e vínculos. O signo em que Vênus está revela o estilo específico pelo qual você busca essas coisas e se sente capaz de se expressar plenamente na vida. Como todo planeta, Vênus se dá muito bem em alguns signos, precisa redobrar seus esforços em outros e se sente em território neutro no restante.

A seguir, estão as descrições de Vênus segundo os signos. Por favor, leia a descrição do seu Vênus e responda a todas as perguntas que fizerem sentido para você.

Prazer e Prosperidade: **Vênus em Touro ou Libra**

Vênus em Touro ou Libra tem o poder de seus ativos à sua disposição. Vênus está em casa (domicílio) nesses signos e tende a lhe dar a habilidade de se conectar com outras pessoas como uma forma de cumprir o propósito da sua vida. Uma Vênus forte também será capaz de reunir diferentes elementos para criar uma experiência harmoniosa, confortável e agradável. Arte, beleza e decoração são uma segunda natureza para Vênus nesses signos.

VÊNUS EM TOURO

Em Touro, Vênus como regente do Ascendente é levado a cultivar jardins de abundância generativa para amigos, amantes, colegas e o mundo em geral. Vênus em Touro cativa seus amores com prazeres sensuais que são inegavelmente gratificantes. Com o regente do Ascendente num dos seus próprios signos, a orientação de sua vida é clara e direta: construir por meio de relacionamentos, arte, beleza e prazer. Se Vênus e seus atributos de prazer, deleite e beleza não fizerem parte da maneira como você vive a sua vida, não haverá muita satisfação nela. Como todos os planetas que estão em seu próprio signo, Vênus em Touro tende a ser extremo, pois nada o restringe. Você pode se sentir confortável com qualquer dose de facilidade e geralmente tende a sentir dificuldade para entrar em ação.

VÊNUS EM LIBRA

Em Libra, Vênus é o mestre de iniciar relacionamentos. Com esse posicionamento, a sua vida é direcionada para o objetivo de ser uma pessoa sociável e cativante, que tem a capacidade de se conectar até mesmo com a mais sombria das almas. Quando quer, você sabe como fazer todos se sentirem acolhidos.

Relacionamentos, arte, beleza, amor, conexão e a expressão da energia criativa e erótica podem se tornar o centro do seu mundo (geralmente de modo inconsciente), e você pode ter a tendência de negligenciar outros aspectos da sua vida. Muitas vezes, não damos o devido valor aos nossos pontos fortes ou permitimos que os outros os desvalorizem. Vênus em Libra é tão social e tão interessado no que é agradável que, como regente do Ascendente, pode direcionar sua vida apenas para o que é fácil.

Dádivas da Deusa: **Vênus Exaltado em Peixes**

Em Peixes, Vênus é exaltado e atrai todos os tipos de conexão. Esse posicionamento é forte e, como regente do Ascendente, concede à direção da sua vida prosperidade, sorte ou habilidade para atrair o que você precisa quando precisa, geralmente por meio dos relacionamentos com as outras pessoas. Como todos os planetas exaltados, Vênus em Peixes pode obter algum tipo de reconhecimento ou fama graças aos atributos de Vênus.

Você pode sentir um certo frenesi ao seu redor. Aqueles com profundas feridas causadas por relacionamentos, muitas vezes, farão de você seu salvador, objeto de afeto ou obsessão. Você pode sentir a necessidade de dar o que tem se não teve que trabalhar para obter esse dom. Sem saber por que tem esse poder, você pode ter dificuldade para estabelecer limites nos relacionamentos. Mas depois que o reconhece, você pode usar esse poder de cura, compaixão e imaginação criativa para fins indizíveis.

Atração intensa: **Vênus em Áries ou Escorpião**

Tanto em Áries quanto em Escorpião, Vênus está em seu detrimento. Aqui, Vênus tem que guiar a direção da sua vida em condições que parecem opostas à sua natureza. Isso cria uma tensão natural que exige mais esforço do planeta. Como um capitão no mar durante uma tempestade, Vênus está conduzindo a vida para uma situação difícil. Isso pode não significar facilidade em chegar ao seu destino, mas a jornada será tudo menos enfadonha. Você pode ser alguém que desafia normas de gênero e vai contra a corrente na área da vida que está impactando (tanto a casa em que está quanto a que rege). Vênus em seu detrimento pode ter dificuldade para construir e manter relacionamentos, mas, mais do que isso, é importante lembrar que os planetas em seu detrimento tendem a atuar com mais dificuldade do que aqueles que estão em seu próprio domicílio. Então, embora as coisas possam não ser entregues de bandeja para você, seu esforço e sua contribuição para alcançar o propósito da sua vida acabarão por abrir as portas de que você precisa.

VÊNUS EM ÁRIES

Como Áries é um signo que adora ação e costuma ter sangue quente, Vênus em Áries pode, pelo menos no início da vida, se cansar logo dos relacionamentos. O que Vênus em Áries realmente precisa é um desafio em seus casos românticos ou projetos criativos. Com Áries como regente do seu Ascendente, isso pode afetar os temas da direção e do propósito da sua vida, assim como o fato de você ser diferente do que a sociedade espera. Existe, nesse posicionamento, um estilo rebelde e desafiador que é ousado e corajoso em seu modo de expressão. Você pode precisar fazer as pazes com o fato de ser aquele que vai desafiar o *status quo*. Sua tarefa é concentrar essa energia para usá-la com propósitos positivos. Áries causa conflito e Vênus deseja prazer. Sexo requer atrito, assim como muitos aspectos importantes da criatividade. Contanto que você não reprima sua energia, sua raiva ou seu desejo, esse posicionamento pode torná-lo um líder de grande visão; porém, se negar o seu poder e a necessidade que tem de um estresse saudável, as tendências destrutivas desse posicionamento podem deixá-lo esgotado.

VÊNUS EM ESCORPIÃO

Vênus em Escorpião é famosa por desejar conexões intensas, cuja profundidade alguns podem apreciar muito. Com Vênus em Escorpião como regente do seu Ascendente, parte da direção da sua vida pode ser vivenciar esses tipos de intrincada condição emocional ou aprender a canalizar o desejo obsessivo que esse posicionamento demonstra por seus projetos criativos e parcerias. Vênus em Escorpião não gosta de conversa fiada e, como regente do seu Ascendente, ele orienta sua vida para atividades que são investigativas, profundas, penetrantes e transformadoras. Vênus em Escorpião pode representar uma experiência em que seu gênero se mostra de maneiras opostas às expectativas do mundo. Você pode ter uma compreensão inata do sofrimento vivido pelo gênero binário ou do sofrimento causado pela violência que sofre esse gênero e isso pode figurar em seu trabalho e seu ativismo no mundo. Se o seu Ascendente é regido por um planeta em seu detrimento, você muitas vezes sente que tem que se esforçar muito mais para se desenvolver, mas esse grande esforço traz grandes recompensas. Se você tem Vênus em seu detrimento, observe o que ele o forçou a desenvolver interiormente, em todos os aspectos do amor e dos relacionamentos.

A donzela dos detalhes: **Vênus em Virgem**

Em Virgem, Vênus se encontra num lugar onde foi despojado de sua capacidade de desfrutar do prazer por puro prazer. Se o regente de seu Ascendente está no signo de sua queda, como Vênus está em

Virgem, isso pode exigir de você um esforço extra para chegar aonde precisa ir. A mania de Vênus em Virgem é trabalhar com grande esforço e eficiência. Um viciado em trabalho, Vênus em Virgem como regente do seu Ascendente vai direcionar sua vida para a exatidão e os detalhes, mas você pode não se sentir apreciado, visto ou valorizado em seus esforços. Os planetas em sua queda lutam para sentir seu valor reconhecido. Lutam para fazer seu trabalho. Lutam para atuar da maneira como deveriam. Em Virgem, Vênus pode se colocar numa posição inferior a da maioria. Sentindo-se desrespeitado e abatido, Vênus em Virgem faz as únicas coisas que sabe fazer. Criticar. Analisar. Separar. Categorizar.

A purificação é uma parte necessária da criação da união, da beleza e da sintonia – algo em que Vênus em Virgem se destaca. No entanto, se tentar purificar seus relacionamentos ou parceiros criticando suas falhas e seus comportamentos, você acabará se isolando da conexão e da prosperidade que advém deles. Sua Vênus pode fazer você trabalhar em vez de se divertir, então é melhor que você encontre objetivos que sejam prazerosos para você. Vênus em Virgem servirá aos templos do seu desejo como uma sacerdotisa do mais alto patamar.

Vênus em todos os outros signos

Vênus em Gêmeos (conexão por meio de interações sociais), em Câncer (conexão por meio de laços emocionais), em Leão (conexão por meio da paixão), em Sagitário (conexão por meio da aventura), em Capricórnio (conexão por meio de objetivos comuns) e em Aquário (conexão por meio do intelecto) é praticamente neutro. Vênus em qualquer um desses signos irá, é claro, construir relacionamentos e criar beleza, mas fará isso com base no estilo do signo em que se encontra. Por exemplo, Vênus em Sagitário vai querer criar relacionamentos baseados na aventura, na busca pela verdade e na exploração.

Perguntas para reflexão

- Você é conhecido pela sua capacidade de fazer os outros se sentirem à vontade? De que maneiras? Como isso está especificamente relacionado ao signo em que está sua Vênus?

- Você, em geral, gosta de si mesmo? Mesmo que goste de criar polêmicas, você geralmente encontra maneiras de construir laços com outras pessoas? Como isso está relacionado ao signo de Vênus?

- Você tem a tendência de querer agradar as pessoas ou se esquece das suas necessidades? O que o ajuda a se concentrar em si mesmo?

- Olhe ao seu redor e observe todas as maneiras pelas quais você cria beleza naturalmente, sem pensar. Que poder você vê no fato de conseguir a estética certa com relação ao seu estado de espírito ou suas necessidades atuais?

- Como as coisas bonitas ao seu redor afetam seu humor?

- Como você pode homenagear Vênus em sua vida cotidiana?

- Sua Vênus está num signo forte, desafiador ou neutro? Até que ponto o estilo do signo em que sua Vênus está revela as formas pelas quais você direciona a sua vida?

MARTE COMO REGENTE (ASCENDENTE EM ÁRIES, ASCENDENTE EM ESCORPIÃO)

♂ ♇

Quando Marte é o regente do seu Ascendente, a sua vida é dirigida por um sentimento apaixonado, impulsivo, às vezes agressivo e geralmente corajoso. Como foi explicado na seção sobre o Ascendente, Áries e Escorpião têm jeitos diferentes de agir, mas não importa o seu Ascendente, com Marte como o planeta encarregado de determinar a direção de sua vida, você demonstrará sua capacidade de lidar com circunstâncias difíceis com grande energia e disposição. O signo em que Marte está vai revelar o estilo específico pelo qual você avança em direção aos principais objetivos da sua vida.

A seguir, estão as descrições de Marte segundo os signos. Por favor, leia a descrição do seu Marte e responda a todas as perguntas que fizerem sentido para você.

Caminhos do guerreiro: **Marte em Áries ou Escorpião**

Marte rege Áries e Escorpião, o que significa que Marte está em sua casa (em seu domicílio) em ambos os signos. Isso dá uma vantagem aos dois signos. E se Marte atua melhor quando está num dos seus próprios signos, o que isso quer dizer? É mais provável que ele cause mais danos do que o normal ou que ele tenha um desejo maior de proteger e defender? As duas coisas. Ser regido por um planeta que tem a propensão de ser agressivo pode significar que você tenha que aprender a usar seu poder e sua energia para se defender contra o que é prejudicial, em vez de causar prejuízos inconscientemente (ou deliberadamente). Embora existam semelhanças no modo como Marte atua em ambos os domicílios, existem algumas diferenças muito importantes.

MARTE EM ÁRIES

Como regente de Áries, Marte é ousado. Veloz e furioso. Capaz de cortar a névoa espessa do medo que imobiliza a maioria de nós, Marte em Áries é o guerreiro em ação. Em campo e envolvido na batalha. Correndo em direção ao seu alvo. No limite e ultrapassando esses limites. Áries é um signo do elemento Fogo e, aqui, tende a agir primeiro e sem se dar ao trabalho de perguntar depois. Resolvendo desafios grandes e pequenos, Marte em Áries revela a sua missão. Se Marte em Áries rege seu Ascendente, o que você enfrenta pode ser resolvido de maneira extrema, mas será concluído. Saber pelo que você está lutando, o que está protegendo e quem quer servir pode ajudá-lo a atingir qualquer objetivo. Essa é uma característica extremamente forte para ter em seu mapa, mas cabe a você aprender a usá-la e aperfeiçoá-la.

MARTE EM ESCORPIÃO

Em Escorpião, Marte luta principalmente em segredo. Como regente do seu Ascendente, Marte em Escorpião confere poderes estratégicos. Uma guerra psicológica de longo alcance é o forte de Marte em Escorpião. Porém, o modo como você usa esse posicionamento depende inteiramente de você. Se você der uma picada, é melhor que seja capaz de receber outra. Essa combinação tem uma resiliência além da razão e, como esse planeta estabelece a direção da sua vida, você pode ter essa mesma característica. Com Marte como regente do seu Ascendente, você terá paciência, persistência e capacidade para enfrentar até os cenários mais difíceis. Você pode até ser atraído por eles. As pessoas ao seu redor podem viver comentando que você é capaz de fazer e dizer as coisas mais desafiadoras que eles já viram, mas, se você tem a capacidade de lidar com os mais densos, funestos e horrendos aspectos do ser humano, como poderia agir de outro modo? Marte em Escorpião como regente do seu Ascendente vai querer saber como é viver a vida no limite e pode, portanto, precisar trabalhar com pessoas que vivem no limite também.

Guerreiro admirável: **Marte em Capricórnio**

Marte está exaltado em Capricórnio. Aqui, como acontece com todos os planetas exaltados, Marte lhe confere uma certa dose de fama pelas qualidades que apresenta. Conhecido pela sua capacidade de realizar tarefas desafiadoras, você se sente estimulado a se superar constantemente. Esse é um posicionamento muito forte e faz com que a sua vida seja direcionada para o sucesso; se esse sucesso vai ou não lhe trazer felicidade, isso depende da sua habilidade para seguir em direção ao que é emocionante e gratificante. Trabalhador como nenhum outro signo, Marte em Capricórnio direciona sua vida para cumprir sua lista de tarefas, enquanto escala até o topo da montanha em que está. Dizer que a meta da sua vida é ambiciosa seria um eufemismo.

Esse posicionamento o ajuda a ser um líder em alguns aspectos, embora Capricórnio seja conhecido por ser um lobo solitário. Com esse posicionamento, você pode ficar mais do que feliz em viver por conta própria e ser um mestre de si mesmo.

Guerreiros feridos: **Marte em Touro ou Libra**

A capacidade de Marte de lutar abertamente é impedida quando o guerreiro se encontra em Touro ou Libra, os signos do seu detrimento. Nesse signo, Marte pode ficar com raiva de coisas que ele tem todo o direito de não gostar, mas geralmente vai ter dificuldade para articular por que está com raiva ou encontrar um motivo razoável para remediar a situação.

Marte em seu detrimento se defende e se protege de maneira diferente. Como todos os planetas em seu detrimento, ele aqui está atuando em condições contrárias à sua natureza. Se o seu Ascendente é regido por um planeta em seu detrimento, sua vida pode ser como se você tivesse ido para uma piscina se divertir, embora não saiba nadar e odeie tomar sol. Essa não seria sua primeira escolha, mas aí está você. Você faz o melhor para que o dia não seja horrível. Você compensa. Você faz um esforço. Você aprende sobre algo que não necessariamente optaria por aprender, se pudesse escolher.

Aqui, Marte não é tão capaz de agir com certeza absoluta. Marte em seu detrimento tem que pensar duas, até três vezes antes de agir e, mesmo quando chega a uma conclusão, tem que se esforçar muito para assumi-la como sua e colocá-la em prática.

MARTE EM TOURO

Em Touro, Marte pode se defender recusando-se a agir. Alguns podem chamar isso de preguiça, mas quem consegue convencer um touro a andar quando ele não quer? Não que Marte nesse signo não fique zangado ou não entre em ação, ele só demora um pouco mais que os outros signos.

Se Marte rege seu Ascendente e ele está em Touro, a vida às vezes pode parecer lenta e demorar para engrenar, por isso você terá que se lembrar que a vida é uma longa jornada. Nada feito com pressa é satisfatório para essa configuração astrológica e esse sentimento podem nortear sua vida de algum modo. Marte em Touro não vai entrar numa situação desconfortável um minuto antes do necessário, mas, depois que entra, ele vai até o fim. O mesmo vale para a ação. Pode levar muito tempo, mas ele não vai se desviar do seu caminho. Com Marte em Touro regendo seu Ascendente, você chegará ao seu destino, só que no seu próprio ritmo.

MARTE EM LIBRA

Com Marte em Libra regendo seu Ascendente, sua melhor defesa pode muitas vezes ser uma ofensiva amigável. Marte vive no campo de batalha. Libra quer paz e harmonia. Se ele é o regente do seu Ascendente, você terá que vencer as batalhas sem causar rompimentos, uma proeza quase impossível, mas da qual seu Marte em Libra nunca desistirá. Indulgente demais às vezes, com Marte em Libra guiando sua vida, você vai querer vencer aliando-se a todos. Incapaz de pensar apenas em seus próprios interesses, essa combinação vai provavelmente fazê-lo entregar suas armas aos seus oponentes. Impor limites, portanto, torna-se um grande desafio para esse posicionamento. Em Libra, Marte é forçado a adotar um estilo contrário à sua natureza. No entanto, algumas possibilidades muito criativas podem vir de Marte quando seu foco é justiça, equilíbrio e as necessidades de todos os envolvidos.

Guerra Aquática: **Marte em Câncer**

Um guerreiro "com água até o pescoço", esse é Marte em queda no signo de Câncer. Caranguejos fogem lateralmente, tornando essa versão de Marte um pouco mais propensa a táticas passivo-agressivas, que são sua única opção de defesa. Na água, um ambiente estranho ao dele, o mau humor de Câncer pode deixar suas motivações meio "turvas", do ponto de vista emocional. Com Marte em Câncer como o regente do seu Ascendente, parte da meta da sua vida pode ser encontrar o seu caminho pelos altos e baixos emocionais que o levam a se envolver em batalhas. Saber o que prejudica sua capacidade de efetivamente canalizar sua raiva justificada o ajudará a estabelecer uma proximidade emocional mais sincera. Câncer é um signo que quer criar estabilidade por meio de laços emocionais com as outras pessoas. Marte como regente do seu Ascendente está, portanto, sobrecarregado com a tarefa impossível de se defender sem romper nenhuma das conexões com que ele se importa. Como acontece com qualquer signo do elemento Água, a emoção reprimida pode ser uma coisa perigosa. Transformando-a em ondas de energia emocional sufocada, Marte em Câncer pode devastar situações quando não dá a si mesmo o tempo e o espaço necessários para identificar os sentimentos que estão sob a superfície. Você precisará aprender que parte do propósito da sua vida é ser um guerreiro que luta pelo que precisa de proteção.

Marte em todos os outros signos

Marte em Gêmeos (comunicador perspicaz), em Leão (personalidade corajosa), em Virgem (crítico audaz), em Sagitário (aventureiro corajoso), em Aquário (intelectual corajoso) e em Peixes (guerreiro espiritual) é bastante neutro. Marte irá, é claro, demonstrar sua coragem e seu desejo com base no estilo do signo em que ele está. Por exemplo, Marte em Aquário será extremamente corajoso em suas comunicações, capaz de chegar ao âmago de uma ideia com a precisão de um cirurgião.

Perguntas para reflexão

- Contra o que você aprendeu a lutar com eficácia, na sua vida? Quais foram os desafios que enfrentou ao longo do caminho?

- Quando a sua raiva, paixão ou energia mal direcionada o deixa em apuros? O que o ajuda a redirecioná-la?

- Em que área da sua vida você acha mais importante ou impactante aplicar a sua energia?

- Em que área da sua vida a sua capacidade de demonstrar oposição se mostra mais eficaz?

- As pessoas costumam dizer que você é corajoso? Como isso faz você se sentir?

- O seu Marte está num signo forte, desafiador ou neutro? Até que ponto o estilo do signo em que seu Marte está determina as maneiras pelas quais você busca dar uma direção à sua vida?

JÚPITER COMO REGENTE
(ASCENDENTE EM SAGITÁRIO, ASCENDENTE EM PEIXES)
♃ ☉

Se você tem um ascendente em Sagitário ou em Peixes, Júpiter é o regente dele. Quando Júpiter é o regente do seu Ascendente, sua vida é dirigida por um otimismo implacável e muita boa vontade. Com um timoneiro exagerado, sempre ocupado e exuberante, Júpiter no comando da direção da sua vida quer que você cresça. Sagitário e Peixes, como signo ascendente, terão, cada um deles, um estilo próprio, mas, com Júpiter como o planeta responsável por ambos, o otimismo estará claramente no comando do navio da sua vida.

O fracasso total é improvável quando você está sendo liderado por Júpiter, não porque você seja sempre capaz de fazer o que se propôs, ou porque a sua vida seja justa ou indulgente, mas porque Júpiter sempre tentará orientar sua vida no sentido de ser grato, de ver a oportunidade não importa o tamanho do desafio e de se concentrar sempre no lado bom das coisas.

O signo em que Júpiter está determina o estilo específico com o qual você avança em direção ao objetivo principal da sua vida. Abaixo estão as descrições sobre Júpiter segundo os signos. Por favor, leia a descrição do seu Júpiter e responda a todas as perguntas que fizerem sentido para você.

Capitão Fantástico: **Júpiter em Sagitário ou Peixes**

Júpiter está em casa tanto no signo de Sagitário quanto no signo de Peixes. Em qualquer um dos seus próprios signos, Júpiter confere uma fé inabalável, confiança no eu e uma capacidade de superar as densas realidades que a vida coloca no seu caminho. Ter Júpiter em seu próprio domicílio é como ter um bilhete de loteria premiado. É algo que é fácil não dar muito valor, já que foi um presente que os deuses deram a você. O que você não trabalha para conquistar muitas vezes é mal empregado, mal aplicado e mal entendido.

Aqueles com Júpiter em seu próprio signo podem ter muita sorte na vida, mas até mesmo eles precisam aprender como criar condições para que essa sorte se manifeste, disciplinando-se a ponto de entender como ela pode ajudar a criar uma vida mais gratificante.

JÚPITER EM SAGITÁRIO

Nesse posicionamento, Júpiter tem o poder de ajudá-lo a alcançar seu propósito na vida. Voltado para a inspiração e a capacidade de agir com fé, Júpiter em Sagitário infunde o caminho da sua vida com uma intuição abençoada. Certifique-se de ouvi-la. Os cavalos selvagens de Sagitário querem que você corra livremente em direção a muitas possibilidades filosóficas. A mente indomável é aquela que está focada na verdade. Buscando as mais perfeitas expressões dela, com Júpiter em Sagitário como seu regente, você precisará ir a galope em direção às experiências que o ajudam a gerar as melhores questões. Esse posicionamento sempre orientará sua vida para missões cada vez mais ousadas.

Infundido com visões de aventuras futuras, Júpiter em Sagitário como regente do seu Ascendente lhe ensinará que é importante confiar em suas visões. Do ponto de vista criativo, você precisa ser destemido em suas explorações. Você será conduzido por uma fé inabalável, embora às vezes fosse melhor não a seguir cegamente. Quando deixado à própria sorte, Júpiter em Sagitário pode contar com os ovos ainda dentro da galinha. Como todos os planetas em seus próprios signos, Júpiter em Sagitário é extremamente ele mesmo.

JÚPITER EM PEIXES

Esse posicionamento criativo e fértil não conhece limites. Júpiter em seu próprio signo e encarregado de dar direção à sua vida lhe dá uma vantagem. Você facilmente se torna um gerador de oportunidades para você e para as outras pessoas, porque a natureza dessa característica é de uma abundância transbordante.

Mas nem sempre é fácil lidar com essa abundância ou mantê-la.

Esse posicionamento lhe abre oportunidades, mas você pode ter dificuldade para escolher as que vai aproveitar ou para manter o interesse por elas. A fluidez de Peixes engendra conexões emocionais com muitas pessoas, e aqui Júpiter torna-se mais um filósofo consolador do que um guia estratégico. Sua vida é direcionada para estabelecer conexões com o que você considera significativo, profundamente inspirador e talvez até espiritualmente esclarecedor.

Um professor nato, Júpiter em Peixes o levará a dar o que você tem. Júpiter em Peixes faz o possível para se conectar com a dor das outras pessoas, sabendo que a compaixão é o maior princípio que se pode adotar e defender. Isso faz com que a tarefa de aliviar um pouco a dor quando e onde for possível se torne o objetivo e o foco da sua vida.

Maravilha das águas: **Júpiter em Câncer**

Em Câncer, Júpiter é exaltado. Essa é uma combinação auspiciosa que lhe dá a capacidade de manifestar suas bênçãos. A fertilidade de Júpiter é sempre alta nessas águas e, como regente de seu Ascendente, isso significa que você será conhecido por sua capacidade de dar, conceber projetos criativos e, geralmente, pelo excesso de otimismo e compaixão. Júpiter em Câncer quer alimentar, nutrir e acolher muitos, e, por ser o planeta que comanda o leme da sua vida, você provavelmente terá o desejo de alimentar, simbolicamente ou não, muitos seres desnutridos.

Júpiter em Câncer sabe como proteger sua abundante força vital para que algo digno de nota possa ser criado. Como o regente do seu Ascendente, isso lhe dá uma compreensão de como canalizar os nutrientes mais importantes para o que você deseja cultivar. Você provavelmente vai ser conhecido pela sua capacidade de cuidar muito bem de todos que traz a este mundo.

Magnitudes de Minúcias: **Júpiter em Gêmeos ou Virgem**

Quando Júpiter está em Gêmeos ou Virgem, ele está em seu detrimento. Aqui, Júpiter tem que se esforçar muito. Enquanto nos seus signos de domicílio, Sagitário e Peixes, Júpiter se concentra no quadro geral, em seu detrimento, Gêmeos e Virgem, ele enfoca os detalhes.

Ter Júpiter em seu detrimento e no comando do leme da sua vida geralmente significa que ele implorará para que você trabalhe com mais afinco. Em qualquer um dos dois signos, Júpiter exagera o número de fatos, dados e detalhes, seja qual for a situação. Em Gêmeos ou Virgem, Júpiter pode tornar mais difícil discernir o que é uma quantidade razoável de informações, em que acreditar ou como cultivar um relacionamento aberto e fácil com a vida, pelo qual Júpiter é famoso. Júpiter em seu detrimento pode ter falta de fé, dificuldade em encontrar uma filosofia que pareça fazer sentido e se sentir pressionado quando tem que criar alguma coisa a partir de um ponto de vista de otimista abundância.

Como todos os planetas em seu detrimento, Júpiter em Gêmeos ou Virgem como regente do Ascendente irá nortear a sua vida de algum modo que seja contrário ao que se espera.

JÚPITER EM GÊMEOS

Em Gêmeos, Júpiter tem uma profusão de ideias, sentimentos e histórias para contar, e, como regente do Ascendente, ele precisa encontrar uma casa. Esse posicionamento pode tornar alguém mais do que curioso e disposto a compartilhar ideias e descobertas com o mundo. Com um fluxo interminável de fatos, Júpiter em Gêmeos pode ter dificuldade para ir direto ao ponto; afinal, para que ir direito ao ponto quando você está cercado de boatos interessantes que te enviam para os recônditos mais remotos da sua mente? O que isso pode significar na sua vida é que, intencionalmente ou não, ela poderá tomar outros rumos. Sobrecarregado com fragmentos da verdade, Júpiter como regente do Ascendente pode levá-lo a se desviar do seu curso, mas a capacidade de voltar aos trilhos está entre as que você precisa desenvolver. Isso então lhe dará uma tremenda força e clareza sobre como viver de modo que a sua vida pareça seguir numa direção empolgante e satisfatória.

JÚPITER EM VIRGEM

Em Virgem, o otimismo de Júpiter é muitas vezes abafado por críticas constantes. Virgem é um signo que se perde nos detalhes e, nesse signo, como regente do seu Ascendente, Júpiter pode fazer você ampliar impurezas, falhas e imperfeições. Fobias podem sobrecarregar sua capacidade de encontrar soluções e estratégias. A capacidade natural de Júpiter para criar possibilidades mesmo em situações desanimadoras é minimizada quando está em Virgem. Como regente do seu Ascendente, esse posicionamento aumenta seu apetite por trabalho, fazendo de você uma mão de obra incomparável; no entanto, quando excessivamente focado nas minúcias, você tem dificuldade para criar algo que seja abundante por si só.

A sorte pode parecer evasiva, mas concentre-se no seu crescimento. Ter Júpiter em Virgem pode fazer você se sentir desvalorizado nos círculos acadêmicos, espirituais ou filosóficos, mas encontrar companhia em espaços alternativos onde sua filosofia possa ser apreciada será gratificante e talvez um bom objetivo para o qual direcionar a sua vida.

Crescimento conservador: **Júpiter em Capricórnio**

No signo de Saturno, Júpiter está em queda. Como acontece com todos os planetas em queda, uma espécie de desrespeito aflige Júpiter nesse signo. Como esse planeta é o regente do seu Ascendente, ele pode fazer você também se sentir desrespeitado em algumas situações ou nos primeiros anos da sua vida. Constrangido pelo estilo austero de Capricórnio, o planeta que dirige a sua vida torna você cauteloso com relação ao crescimento e à expansão, embora isso, em parte, direcione a sua vida. Aqui Júpiter é mais cético e conservador em sua capacidade de despender energia e prefere não arriscar sua reputação, por medo de parecer tolo. Ele irá, portanto, causar uma tensão natural em sua capacidade de crescer, desenvolver suas ideias e se curar, quando sua vida exigir isso. Júpiter luta para encontrar a exuberância que de outra forma ele incorporaria e, como o regente do seu Ascendente, pode fazer você se perguntar por que tem tanta dificuldade para alcançar algumas coisas.

No entanto, Júpiter em Capricórnio tem um sistema de pesos e contrapesos, algo que Júpiter em seu próprio domicílio não tem. Em Capricórnio, Júpiter não se deixará enganar pela natureza passageira da roda da fortuna. Ele prefere sentir a satisfação das suas merecidas realizações do que depender da sorte, que pode ou não fazê-lo enriquecer. Esse posicionamento faz você se esforçar para entender como o trabalho árduo pode render oportunidades e, quando isso acontece, quais portas você sabe com certeza que pode atravessar.

Júpiter em todos os outros signos

Júpiter em Áries (expansão corajosa), em Touro (crescimento estável e produtivo), em Leão (expansão por meio da autoexpressão), em Libra (harmonia abundante), em Escorpião (expansão profunda) e em Aquário (ideias expansivas) é bastante neutro. Júpiter em qualquer um desses signos irá, é claro, criar oportunidades de crescimento e expansão com base no estilo do signo em que se encontra. Por exemplo, Júpiter em Libra usará sua capacidade de se conectar e iniciar relacionamentos como uma maneira de ter mais sorte na vida.

Perguntas para reflexão

- Em que áreas da sua vida você é capaz de demonstrar uma fé e um otimismo inesgotáveis? Que portas isso abre para você?

- Em que áreas da sua vida é importante ser expansivo? O que o impede de ser assim? Quem ou o que tende a fazê-lo se retrair?

- Os outros acham você inspirador? O que as pessoas costumam comentar pelo fato de você ser assim? Como isso faz você se sentir?

- O que você costuma exagerar na vida? Como passou a aceitar isso sobre você? Você precisa encontrar o equilíbrio em algum aspecto da sua personalidade?

- Você geralmente trabalha com coisas grandes em tamanho ou importância e abrangência? Quando isso o deixa sobrecarregado?

- O seu Júpiter está num signo forte, desafiador ou neutro? Até que ponto o estilo do signo em que seu Júpiter está revela as formas pelas quais você direciona a sua vida?

SATURNO COMO REGENTE (ASCENDENTE EM CAPRICÓRNIO, ASCENDENTE EM AQUÁRIO)

♄ ⊕

Se você tem Ascendente em Capricórnio ou Aquário, Saturno é o seu regente. Quando Saturno é o regente do seu Ascendente, a sua vida é dirigida pela autocontenção, por um senso de responsabilidade e pela necessidade de realizar algo que valha seus esforços e trabalho árduo. Saturno é um planeta que exige o seu melhor e, como regente do seu Ascendente, ele não desejará nada menos que uma vida que o conduza na direção do autodomínio, da autonomia e de elogios merecidos e conquistados com muito suor. Às vezes, com Saturno como regente de seu Ascendente, você só se sente relaxado quando fica mais velho. Como o planeta que rege a idade, a autoridade e a maturidade, Saturno exige que você passe mais tempo desenvolvendo a si mesmo.

O planeta mais distante que pode ser visto a olho nu é Saturno. Ele tem uma tendência a ser distante, até alheio a tudo, mas não porque seja indiferente. Com Saturno como seu regente, você pode ser feliz em sua solidão, pois isso permite que você conclua seu trabalho, mas isso não significa que você não precise dos outros.

Como Saturno tende à discriminação e ao discernimento, a menos que outro aspecto do mapa diga o contrário, você dirigirá a sua vida num estilo que pode envolver uma boa dose de abnegação. Dizer "não" é uma declaração poderosa, mas, quando você diz "não" a si mesmo injustamente, essa aspereza pode afetar os seus relacionamentos. Se Saturno é o regente do seu Ascendente, você precisa dominar a arte de saber o que recusar e o que permitir. Seu "sim" virá mais facilmente se você souber quais limites manter firmes e quais suavizar.

A seguir, estão as descrições de Saturno segundo os signos. Por favor, leia a descrição do seu Saturno e responda a todas as perguntas que fizerem sentido para você.

Mestre de Cerimônias: **Saturno em Capricórnio ou Aquário**

Em Capricórnio e Aquário, Saturno está em casa. Quando o regente do seu Ascendente está no seu próprio signo, isso significa força e uma direção clara na vida. Isso é algo em que você pode se apoiar quando a vida fica difícil. Se você desenvolver um relacionamento como esse planeta, ele não vai abandonar você. Aceitar-se radicalmente é saber com o que se aliar e o que interromper e compreender.

Saturno em seu próprio signo é um recurso prontamente disponível para você.

Seus dons incluem autodisciplina, escrutínio e capacidade de tolerar o que é incômodo para alcançar o que é admirável. Saturno não está nesse signo para obter gratificação imediata e, se esse planeta orienta a sua vida, é benéfico que você assuma a mesma postura. Pense no que você pode desenvolver ao longo de décadas. Pense no que o ajudará a sentir o tipo de satisfação que afunda até os ossos. Pense em que tipo de trabalho você poderia dedicar toda a sua vida, independentemente dos altos e baixos, que valeria a pena investir energia, paixão e empenho.

SATURNO EM CAPRICÓRNIO

Como regente de Capricórnio, Saturno é o guardião da tradição. Como regente de seu Ascendente, é importante para você saber quais tradições você deseja manter e quais não seriam apropriadas, do ponto de vista estrutural. Nesse signo, Saturno sabe a importância de compreender a forma original, o significado e a razão de uma coisa. Como regente do seu Ascendente, Saturno quer torná-lo conhecido por sua capacidade de manifestar seus desejos no mundo físico por meio da disciplina, da estrutura e de uma robusta, estável e confiável ética de trabalho. Quanto mais desenvolver um relacionamento com esses atributos, de sua maneira única e específica, mais você vai se sentir em sintonia com o seu propósito. Se Saturno é o seu regente, a última coisa pela qual você quer ser conhecido é pela indisposição em dar o seu melhor.

SATURNO EM AQUÁRIO

Em Aquário, Saturno aprende todas as regras, de dentro para fora, de modo que possa violá-las com eficiência, caso necessário. Aquário não é um arruaceiro. Não é um rebelde sem causa. Seu intelecto é exigente. Como regente do seu Ascendente, Saturno quer que você demonstre esse mesmo perfil. Você precisará resistir a um sistema, mas não sem medir as consequências. Saturno quer que você desenvolva sua compreensão de como redistribuir melhor o poder e descentralizá-lo. Aquário é um observador talentoso. Com Saturno como regente, você pode ser conhecido por seu desapego intelectual, mas entender uma situação de todos os ângulos possíveis é essencial, se não quiser se desviar da direção da sua vida.

Estilo de Discernimento: **Saturno em Libra**

Em Libra, Saturno é exaltado e, como regente do seu Ascendente, ele lhe concede o reconhecimento pela sua maturidade e sua natureza equilibrada. Ser conhecido pela sua capacidade de trabalhar duro, de ser disciplinado e de tomar decisões conservadoras, mas bem pensadas, pode ajudá-lo a se tornar um mestre justo e respeitado no seu campo de atuação. Saturno em Libra torna você uma autoridade acessível, lhe confere um estilo agradável e o direciona para a busca por justiça nas estruturas que construiu ou em que trabalhou. Esse regente o ajuda a fazer distinções sem ser descortês e provavelmente a ser reconhecido pela sua abordagem justa e igualitária.

Capitão Ló: **Saturno em Câncer ou Leão**

Saturno está em detrimento em Câncer e Leão. Como todos os planetas em detrimento, ele luta para encontrar seu caminho nesses signos. Ser regido pelo planeta associado à autocontenção e ao autodomínio não é muito complicado, mas, se esse planeta está num signo em que ele não está com sua força total, você pode se perguntar onde aplicar sua sabedoria ou por que ela não é apreciada. Todo o foco de Saturno é assumir o controle, mas, nesses signos, isso não é tão fácil. É necessário um esforço extra da sua parte. Você vai precisa ganhar o respeito que tanto almeja, mesmo que, na verdade, já o mereça. Egos e sentimentos feridos existem em toda parte, mas eles não devem impedi-lo de dar uma direção à sua vida. O que Saturno num desses signos pode proporcionar a você são muitas oportunidades de ser humilde e de trabalhar por si mesmo, para sua própria satisfação e para angariar seu próprio respeito.

SATURNO EM CÂNCER

Em Câncer, Saturno tem dificuldade para definir e manter os limites que sejam úteis ao seu crescimento. Precisamos ser sólidos em alguns lugares, mas permeáveis em outros, e Saturno em Câncer pode confundir as duas coisas, fazendo com que problemas relacionados ao controle emocional possam surgir às pencas. Parte da jornada da sua vida pode ser reprimir suas emoções como um meio de controlar a vida. Esse é um mecanismo de defesa compreensível, mas não é útil a longo prazo. Você também pode ter a tendência de se deixar dominar pelas emoções, sentindo-se incapaz ou sem vontade de construir as estruturas de que precisa para apoiar sua experiência. Pessoas regidas por Saturno tendem a ter mais dificuldade na juventude. A idade traz um certo conforto e uma sabedoria com a qual Saturno se sente mais digno. Em Câncer, a carapaça dura de Saturno pode protegê-lo de ser afetado por reflexões importantes ou *feedbacks* muito necessários. A sua atitude de defesa se torna um espinho no caminho daqueles regidos por Saturno em Câncer, impedindo que ele desenvolva suas capacidades. Você precisa aprender a dar espaço aos seus sentimentos sem tentar controlar sua vida emocional. Se puder fazer isso, você se tornará um guia perspicaz para as pessoas que estão empreendendo sua própria jornada de cura.

SATURNO EM LEÃO

Em Leão, um signo em que Saturno está em seu detrimento, esse planeta tende a cumprir suas obrigações de maneira dramática. Esse é um sentimento estranho para um planeta conhecido pelo seu comportamento frio. Ganhar aplausos não é o jogo de Saturno. Esse planeta economiza energia, ao passo que Leão tem energia infinita para gastar e não quer minimizar seus talentos. Com Saturno em Leão como o regente do seu Ascendente, você terá que encontrar maneiras de demonstrar diligência, disciplina e autodomínio de modo a chamar a atenção, mas sem que essa atenção seja frívola ou passageira. Saturno quer resultados duradouros. No signo conhecido por sua natureza magnânima e egocêntrica, esse signo luta para ser levado a sério ou para não se identificar tanto com o ego.

A principal dificuldade de um planeta em detrimento é que ele é incapaz de concluir sua tarefa com facilidade ou da maneira que "deveria". Portanto, Saturno em seu detrimento pode direcionar sua vida para uma visão diferente do que seja autoridade. Você pode ter dificuldade para contrabalançar a necessidade de elogios com a de sentir que você os merece. Você precisa saber que seu ego não corromperá sua integridade.

Se Saturno em Leão está no leme do seu navio, você precisa aprender a melhor forma de se tornar a sua própria autoridade – e as regras e normas da sua família que se danem.

Paredes corta-fogo: **Saturno em Áries**

Saturno em sua queda faz com que você tenha que lutar para encontrar um equilíbrio entre limites severos e a vontade de pôr abaixo todas as fronteiras que o mantêm seguro. Como todos os planetas em queda, Saturno em Áries parece que foi rebaixado. Como regente do seu Ascendente, ele pode fazer você se sentir como se tivesse que provar seu próprio valor, suas próprias habilidades e seu próprio mérito por meio de disciplina e autocontrole. Em Áries, Saturno tem que superar problemas com irritação e raiva. Temperamentos são algo difícil de controlar, mas, se forem sufocados, eles acabam explodindo. Rápido para agir, Saturno em Áries pode fazer você erguer muralhas ao seu redor antes mesmo de examinar com mais cuidado o que deve ser rejeitado ou incluído. Como todos os planetas em queda, Saturno em Áries precisa que você trabalhe por tempo dobrado para entender as nuances entre a autodisciplina e a abnegação. Entre solidão e isolamento. Entre respeito próprio e autossabotagem. A recompensa que você ganha ao fazer isso é tomar posse do seu poder e saber precisamente o que quer fazer com ele.

Saturno em todos os outros signos

Saturno em Touro (autodomínio por meio da paciência e da persistência), em Gêmeos (autodomínio por meio do desenvolvimento do intelecto), em Virgem (autodomínio por meio do discernimento), em Escorpião (autodomínio por meio da conexão com os mistérios do sexo e da morte), em Sagitário (autodomínio por meio da liberdade pessoal) e em Peixes (autodomínio por meio da disciplina criativa e espiritual) é bastante neutro. Saturno em qualquer um desses signos irá, evidentemente, construir as estruturas necessárias e demonstrar autodomínio com base no estilo do signo em que ele está. Por exemplo, Saturno em Escorpião sabe como trafegar nas intensas experiências emocionais do sexo, da morte e da dinâmica de poder.

📝 *Perguntas para reflexão*

- O que você geralmente tende a negar a si mesmo? Quando isso é útil? Quando é prejudicial?

- Em que áreas da sua vida você é capaz de definir limites saudáveis? Quando, em sua vida, você tende a limitar ou restringir sua experiência de intimidade?

- Você é conhecido por ser uma pessoa responsável, confiável, fidedigna na maioria das situações? Como isso o faz se sentir? O que você lucra sendo assim? O que isso exige de você?

- O que você está mais determinado a alcançar na vida, não importa o que precise negar a si mesmo?

- O que você mais deseja dominar a fundo, em si mesmo e no trabalho?

- O seu Saturno está num signo forte, desafiador ou neutro? Até que ponto o estilo do signo em que seu Saturno está revela as formas pelas quais você direciona a sua vida?

CASA DO REGENTE DO SEU ASCENDENTE
PARA QUE ÁREA DA SUA VIDA VOCÊ ESTÁ SENDO DIRECIONADO?

Em que casa está o regente do seu Ascendente?

A casa em que o regente do seu Ascendente está revela para qual área da sua vida você está sendo direcionado. Sem desenvolver um relacionamento com essa casa, você não se sentirá realizado. Lembre-se de que Frida Kahlo tinha Ascendente em Leão. Seu talento para a autoexpressão ornamental era inegável. Leão é o artista, o criador, aquele que encena algum aspecto da experiência humana para que todos possam vê-la. O Ascendente em Leão de Frida articulava sua motivação para viver: ser ardente, criativamente poderosa e vista por todos. Além disso, o signo do Sol dessa artista, Câncer, revelava que ela era regida por um planeta cujo estilo era emotivo. A casa em que o Sol de Frida estava nos fala sobre a área da vida que ela precisava explorar para se conectar com o seu objetivo. O Sol de Frida estava na Casa 12, das dores, das perdas, da vida oculta, dos segredos e do inconsciente coletivo.

Quando Frida Kahlo tinha 6 anos de idade, ela contraiu poliomielite. Acamada por meses, sua perna direita nunca chegou a crescer o mesmo que a esquerda. Aos 18 anos, ela sofreu um trauma físico muito mais grave. Num acidente de ônibus quase fatal, um corrimão de aço se soltou e atravessou seu útero, fraturando sua coluna em três lugares e ferindo também sua perna direita, que tinha sido afetada pela poliomielite. Ninguém tinha esperança que sobrevivesse. Durante sua recuperação, ela foi obrigada a usar gesso no corpo inteiro, durante três meses. Sem poder se mexer, foi incentivada pelos pais a começar a pintar. Eles mandaram fazer um cavalete que ela pudesse usar na cama, compraram as tintas e pincéis e adaptaram um espelho para que ela pudesse pintar seus autorretratos.

O sofrimento físico e emocional que Frida suportou não é simplesmente o resultado de ter o Sol na Casa 12, a casa da tristeza, do isolamento e da perda (ela também tinha Marte, severo e mordaz, e Urano, imprevisível e perturbador, opondo-se ao seu Sol). Porém, num contexto astrológico, a vida a conduziu para a expressão dessa dor por meio da arte e da escrita. Frida disse uma vez: "Eu pinto a mim mesma porque muitas vezes estou sozinha e sou o assunto que conheço melhor"*. Se o regente do seu Ascendente está na Casa 12, isso não significa necessariamente que você vá sofrer, mas significa que lidar com o sofrimento, a mais humana das condições, é o tema principal da direção e do propósito da sua vida.

Agora é hora de escolher sua própria aventura. Por favor, avance até a casa em que está o regente do seu signo ascendente.

REGENTE DO ASCENDENTE NA CASA 1

Corpo, aparência, eu, força vital

Se o planeta que rege o seu Ascendente estiver na Casa 1, os significados desse planeta e de tudo que ele rege serão excepcionalmente ativos na sua vida. Isso é verdade por duas razões. Primeiro, qualquer planeta na Casa 1 será expressado de forma proeminente por meio de sua identidade, sua personalidade e seu eu físico. Em segundo lugar, se o regente do seu Ascendente está na Casa 1, estará em seu próprio signo e atuará de forma clara e direta. Essa combinação é

---

* Fundação Frida Kahlo; consulte www.frida-kahlo-foundation.org. (N. A.)

forte e pode até ser extrema. O regente do seu Ascendente, e tudo o que ele apoia, está sendo solicitado a fazer parte da sua identidade. Por exemplo, se Júpiter é o seu regente e também está na Casa 1, você está sendo solicitado a viver com otimismo, compartilhando sua riqueza e abundância de espírito com os outros. O regente do Ascendente na Casa 1 também está dizendo que o foco principal da sua vida é o desenvolvimento da sua identidade.

Perguntas para reflexão

- Dada a natureza do planeta e o estilo do signo, que temas você percebe que são dominantes na sua vida?

- Quando você se sente visto pelos outros? Quando você se sente mais compreendido pelo que você acha que está sendo reconhecido? Em que partes da sua identidade você acha que as pessoas se concentram mais? Isso está relacionado com o planeta que rege o seu Ascendente? Às vezes você se sente oprimido ao incorporar essas características de maneira tão forte?

- Quais partes da sua personalidade você acha que são mais mal compreendidas neste mundo? Como isso se relaciona com o planeta que rege o seu Ascendente?

- Como você aprendeu a rejeitar o que lhe parece uma imposição? Como o regente do seu Ascendente o ajuda ou o atrapalha nesse sentido? Por exemplo, Vênus pode se sentir desconfortável fazendo isso, pois é um planeta que deseja criar conexões, e não romper com elas, mas Marte se sentiria mais confortável sendo combativo quando necessário.

- Você pode imaginar o regente do seu Ascendente livre para se expressar fora das normas culturais?

REGENTE DO ASCENDENTE NA CASA 2

Dinheiro, bens, recursos, valorização pessoal

Todos nós temos algo para oferecer a este mundo. Todos nós temos uma maneira de conseguir nos apoiarmos. Todos nós temos algum talento ou alguma habilidade específica para colocar em uso. Nossos ativos nos ajudam a ter sucesso no reino material. A Casa 2 descreve em detalhes essas riquezas. Ter o regente do seu Ascendente na Casa 2 deixa claro que a sua vida precisa avançar na direção do desenvolvimento dos seus recursos e aprender como se sustentar com eles. Dinheiro e bens não são mais ou menos fáceis de encontrar com o regente do seu Ascendente nessa casa; pois tudo depende do signo em que o regente do Ascendente está e os aspectos que ele faz com os outros planetas. Mas sabemos que esse é um lugar com o qual você deve desenvolver um relacionamento a fim de se expressar plenamente nesta vida.

Perguntas para reflexão

- Até que ponto o propósito da sua vida está diretamente relacionado aos seus ativos e à capacidade de desenvolvê-los?

- A natureza do planeta que rege seu Ascendente manifesta-se de maneira óbvia em seu trabalho? Por exemplo, se Marte rege seu Ascendente e Marte está em sua Casa 2, no trabalho você se envolve onde tem que lutar, talvez em nome de outras pessoas?

- E quanto ao estilo do signo em que o planeta está? Por exemplo, se a Lua rege seu Ascendente e a Lua está na Casa 2, será em Leão. Você ganha seu sustento (Casa 2) nutrindo as outras pessoas (Lua) por meio da criatividade e da autoexpressão (Leão)?

REGENTE DO ASCENDENTE NA CASA 3

Comunicação, irmãos, família, amigos próximos, vida diária e rituais, a Casa da Deusa

Se o regente do seu Ascendente está na Casa 3, a sua vida avança na direção do desenvolvimento de relacionamentos, comunicações e rituais diários e espirituais. Especificamente, escrevendo, ensinando, fornecendo informações, trabalhando com a família ou bons amigos, abrindo espaço ou mantendo-o para práticas devocionais, estudando ou ensinando sobre a Deusa ou outras tradições religiosas antigas que antecedem o monoteísmo, fazendo viagens (especialmente ao longo do dia e pelas cidades vizinhas) e entrando em contato com muitas pessoas durante o dia. Essas são algumas das maneiras pelas quais você sentirá que está no caminho certo.

A Casa 3 é o lugar da alegria da Lua. Se, por exemplo, você tem Ascendente em Câncer, a Lua é o regente do seu Ascendente. Se você tem a Lua em Virgem e na Casa 3, então a Lua é a regente do seu Ascendente e está no lugar da sua alegria. Isso dá uma força extra para o regente do Ascendente e sua capacidade de fazer seu trabalho. A Lua está sempre forte na Casa 3, quer o seu Ascendente seja Câncer ou não, mas se também for o regente do seu Ascendente, é uma bênção digna de nota.

📝 Perguntas para reflexão

- Como a sua energia vital é direcionada para a comunicação, a escrita, o ensino ou as viagens? Como a sua vida é moldada por essas atividades?

- Que papéis desempenham seus irmãos, amigos e parentes na direção da sua vida? Os altos e baixos dessas pessoas o afetam muito? Elas ditam sua vida de alguma forma? Você tem alguma sociedade com elas?

- Você trabalha em comunidades e bairros ou está envolvido com eles de alguma forma significativa?

- Sua vida está focada em rituais, especialmente aqueles que são espirituais?

- Você acha que geralmente é a pessoa que propõe rituais ou transmite um senso de espiritualidade aos outros?

- A natureza do planeta que rege seu Ascendente manifesta-se de maneira óbvia em suas comunicações? Por exemplo, se Vênus rege seu Ascendente e Vênus está em sua Casa 3, você é conhecido por ser alguém que transmite suas mensagens com candura?

REGENTE DO ASCENDENTE NA CASA 4

Alicerce de todas as coisas, ancestrais, lar, família, parentes

Ter o regente do seu Ascendente na Casa 4 revela que o modo como você prepara física e esteticamente o seu lar, a pessoa com quem você o forma e a maneira como leva adiante as tradições do seu povo são muito importantes para você. Se o regente do seu Ascendente está nessa casa, uma ou mais dessas questões serão uma parte importantíssima do modo como você vai direcionar a sua vida. Talvez você perceba que enfrenta questões relacionadas ao modo como honra as tradições familiares e sua linhagem, sem ficar preso ao passado. Cumprir os compromissos familiares e ser ao mesmo tempo capaz de romper os laços com os aspectos da sua história de origem que não o beneficiem pode ser o tema principal da sua vida.

Sem que você entenda a sua Casa 4, pode ter dificuldade para construir qualquer estrutura duradoura em sua vida. Sem entendimento do que você precisa em sua vida interior, ficará difícil construir uma vida exterior satisfatória. Se você puder investigar o passado e desvendar seu significado, curar as feridas e entender sua contribuição única para as linhagens a que pertence, você terá mais chances de construir um relacionamento saudável com o presente.

Perguntas para reflexão

- Como a natureza do planeta que rege o seu Ascendente influencia o relacionamento que você tem com a sua família?

- O que você se sente levado a honrar e levar adiante em sua linhagem? O que você sente necessidade de romper?

- Você já achou difícil fazer algo diferente do que sua família faz ou teve dificuldade para realizar seus sonhos para a sua vida ou seu futuro?

- A natureza do planeta que rege seu Ascendente manifesta-se de maneira óbvia em sua vida familiar? Por exemplo, se Júpiter rege seu Ascendente e está em sua Casa 4, existe na sua vida alguma bênção, abundância ou espiritualidade que venha da sua família? Um de seus pais tem um significado especial para você? E se for um planeta mais difícil, como Marte, um dos seus pais lhe parecia mais ousado ou corajoso? A luta contra as consequências de danos psicológicos que tenha sofrido ou contra o sentimento de estar desligado das suas raízes são temas que representam um papel importante no propósito da sua vida?

REGENTE DO ASCENDENTE NA CASA 5

Filhos, energia criativa e erótica, prazer, diversão, romance, sexo

Todos nós criamos nossa própria vida todos os dias. Por meio das nossas atitudes, das nossas palavras, dos nossos acordos e decisões, recriamos constantemente a nossa vida. Se o regente do seu Ascendente está na Casa 5, sua energia criativa e o modo como você a manifesta se tornam temas centrais em sua vida e terão prioridade. Quando o regente do Ascendente está nessa casa, sua vida é voltada para aproveitar a energia que você recebeu e implementá-la no mundo de forma consciente e deliberada.

Tradicionalmente conhecida como a casa dos filhos, essa parte do mapa indica fertilidade. Se o regente do seu Ascendente está aqui e num signo forte, sua vida provavelmente será regida pela capacidade de concepção. O regente do Ascendente na Casa 5 geralmente quer produzir. Como, na Antiguidade, os filhos eram vistos como bênçãos necessárias, a Casa 5 também é conhecida como o lugar da sorte e da felicidade.

Essa é a casa em que Vênus tem sua alegria. Vênus, planeta do prazer, da energia erótica e de todas as coisas que são divertidas e agradáveis, sabe como se divertir nessa casa. Se você tem Ascendente em Touro ou Libra e sua Vênus está na Casa 5, ele tem uma força extra, pois Vênus se sente incrivelmente confortável nessa Casa. A vida é completamente dominada pela beleza, pelo desejo e pela diversão.

Perguntas para reflexão

- Como a arte, a criatividade e a autoexpressão dominam a sua vida?

- Como o trabalho com crianças, ou em benefício das crianças, ou criar seus filhos ajuda você a viver o propósito da sua vida?

- Você é alguém conhecido por ser a alma das festas, por gostar de se divertir ou por ter muita sorte?

- A sua sorte às vezes inibe a sua disposição para progredir, trabalhar duro ou vencer as dificuldades?

- A natureza do planeta que rege sua Casa 1 manifesta-se de maneira óbvia na sua relação com a criatividade?

Por exemplo, se a Lua rege sua Casa 1 e está na sua Casa 5, você é conhecido por estimular projetos criativos ou crianças? Você é alguém que trabalha na área da saúde reprodutiva?

REGENTE DO ASCENDENTE NA CASA 6

Projetos de trabalho, hábitos de trabalho, horários de trabalho, animais de estimação, questões de saúde, acidentes, doenças

Se você tem o regente do Ascendente na Casa 6, isso significa que você encontrará um senso de propósito e de realização pessoal por meio da sua vida profissional e de suas rotinas profissionais.

Na astrologia tradicional, essa é a casa relacionada à escravidão, à exploração de mão de obra e ao tráfico de pessoas. O trabalho e a busca por trabalho podem dominar sua energia, seu tempo e sua atenção. Você pode achar que é difícil encontrar equilíbrio nessa área. As pessoas mais próximas talvez precisem trabalhar com você para fazer parte do seu mundo. Pode ser um desafio relaxar e se descontrair às vezes, porque você pode se sentir mais confortável sendo produtivo do que buscando prazeres e conexões. Sendo assim, trabalhar por condições de emprego justas e equitativas podem ser um importante aspecto da sua jornada e da sua vida.

Essa também é a casa dos animais de estimação e dos animais de fazenda. Com o seu Ascendente regendo essa casa, você pode ter uma afinidade especial com animais ou com o trabalho com eles.

Como essa é a casa das doenças, algumas pessoas com o Ascendente regendo a Casa 6 podem trabalhar com aqueles que sofrem de doenças, crônicas ou agudas, ou as enfrentam de uma maneira que define a vida delas.

Perguntas para reflexão

- A sua vida está voltada para o trabalho na área da saúde, na indústria da cura ou associado àqueles que estão enfrentando problemas de saúde?

- O trabalho é importante para o seu senso de identidade?

- Você tende a trabalhar demais ou se identificar demais com seu trabalho?

- Você às vezes sente uma situação de perda de poder no seu ambiente de trabalho?

- Você trabalha com pessoas que enfrentaram ou estão enfrentando ambientes de trabalho opressivos?

- A natureza do planeta que rege sua Casa 1 se manifesta de maneira óbvia em seus projetos de trabalho? Por exemplo, se Mercúrio rege sua Casa 1 e está em sua Casa 6, sua vida profissional depende muito da sua capacidade de se comunicar, de traduzir, de escrever, de ensinar ou de vender?

REGENTE DO ASCENDENTE NA CASA 7

Parcerias estáveis, casamento, relações comerciais, clientes, inimigos declarados

Ter o regente do seu Ascendente na Casa 7 faz com que as parcerias estáveis, as relações comerciais e as lições que elas trazem sejam temas extremamente importantes para o propósito da sua vida. Planetas na Casa 7 são muito ativos, por causa da força dessa casa (as Casas 1, 4, 7 e 10 são as mais fortes). As situações que seus parceiros enfrentam causam impacto na sua vida de maneiras óbvias. Devido ao poder do seu vínculo com as pessoas com quem você se relaciona, certifique-se de honrar seus compromissos com aqueles que sabem ser bons parceiros, bons amigos, bons agentes de mudança e bons catalisadores para você. Desse modo, você entrará em sintonia com o que mais precisa e é mais benéfico para você.

Pode haver momentos, em sua vida, em que é aparente uma ênfase exagerada nas outras pessoas. Se o regente da Casa 1 está na Casa 7, ele será, por falta de alternativa, um planeta no signo do seu detrimento. Isso porque a Casa 7 é a casa oposta à primeira e qualquer planeta em frente ao seu próprio signo estará num território que lhe parecerá contrário à sua natureza. Isso levanta a questão: se a sua vida está sempre voltada para as atividades do outro, você não perde de vista suas próprias necessidades? É de extrema importância que você procure os relacionamentos que parecem mais em sintonia com o seu propósito, pois é em parceria que você irá cumpri-lo.

Perguntas para reflexão

- Como seus relacionamentos mais significativos ou suas parcerias mais estáveis afetaram a direção da sua vida?

- Você costuma renunciar às suas próprias necessidades para deixar os outros felizes?

- Você se sente impelido a encontrar parcerias que lhe permitam fazer o que você não pode fazer sozinho?

- Quem ajuda você a acessar e ativar o propósito da sua vida?

- O que você aprendeu, com suas parcerias mais importantes, sobre como cuidar de si mesmo?

- Que parcerias lhe trouxeram sucesso, fama ou reconhecimento?

- A natureza do planeta que rege seu Ascendente se manifesta de maneira óbvia em suas parcerias mais estáveis? Por exemplo, se Saturno rege sua Casa 1 e está na sua Casa 7, você tende a atrair parceiros que são responsáveis, confiáveis, comprometidos, críticos, exigentes ou emocionalmente distantes? Você tende a projetar sua autoridade neles, tornando-os mestres da sua vida em vez de assumir a responsabilidade por ela e por suas escolhas?

REGENTE DO ASCENDENTE NA CASA 8

Colaborações, dinheiro e bens de outras pessoas, heranças, morte, angústia, tristeza

O regente do Ascendente na Casa 8 direciona a sua vida para colaborações importantes. Aqueles com esse posicionamento podem se tornar produtores, gerentes, banqueiros ou contadores qualificados e geralmente se dão bem em qualquer situação na qual possam tomar nas mãos um produto ou recurso de outra pessoa e divulgá-lo para o mundo.

Como essa é também a casa da morte, da dor e da perda, o regente do Ascendente na Casa 8 pode orientá-lo para o trabalho com esses aspectos difíceis da vida. O trabalho como terapeuta do luto, doula da morte, especialista em saúde mental, conselheiro, exorcista, terapeuta de vidas passadas e qualquer ocupação que faça contato com o mundo espiritual será adequado para pessoas com um regente do Ascendente na Casa 8.

Experiências de quase morte também podem ter definido a sua vida e colocado você no caminho do propósito ou da compreensão. A morte de entes queridos, especialmente aqueles que mudaram sua vida, também está relacionada a esse posicionamento.

Perguntas para reflexão

- Sua vida está voltada para o trabalho colaborativo? Se está, o que você tem que aprender para se beneficiar disso? O que você está aprendendo a receber?

- Você depende do dinheiro, dos bens ou dos recursos de terceiros e, em caso afirmativo, onde está o seu poder nessa situação?

- Uma parte importante do seu trabalho tem a ver com financiamentos, doações ou empréstimos (dar ou receber)?

- Você sente uma conexão com o reino espiritual, com o Outro Lado ou com o processo de morte e de morrer?

- Experiências de quase morte moldaram você e mudaram a direção da sua vida?

- A natureza do planeta que rege seu Ascendente se manifesta de maneira óbvia no seu trabalho? Por exemplo, se o Sol governa sua Casa 1 e está em sua Casa 8, você brilha em trabalhos colaborativos? Você se identifica com os elementos mais misteriosos da vida?

REGENTE DO ASCENDENTE NA CASA 9

Viagens, ensino, publicações, filosofia, leis, espiritualidade, religião, astrologia, a Casa de Deus

O regente do seu Ascendente na Casa 9 faz com que a sua vida se volte para a busca de significado. Aqui você precisa de aventura, quer buscar conhecimento e sabedoria e precisa praticar a arte de ensinar, de aprender e de divulgar suas ideias para o mundo. Na Casa 9, os planetas são levados a obter conhecimento por meio da experiência. Você pode ou não fazer pós-graduação, nem sequer tirar um diploma ou certificado, mas o processo de aprendizagem sempre será algo que o deixará inspirado.

Como a Casa 9 é associada à espiritualidade, se o regente do seu Ascendente estiver nela, você pode se sentir atraído por certos costumes ou instituições religiosas ou, ao contrário, sentir uma certa repulsa com relação a eles. Seja qual for a sua experiência, ela contribuirá para moldar a sua vida.

Perguntas para reflexão

- Você mora num país diferente daquele em que nasceu?

- Viajar lhe dá um senso de propósito?

- O ensino conecta você a algo significativo?

- Você passou grande parte da sua vida em instituições acadêmicas?

- Sua vida é voltada para a busca pela verdade, por sabedoria e por significado?

- A natureza do planeta que rege sua Casa 1 manifesta-se de maneira óbvia em seus estudos, filosofias, publicações e viagens? Por exemplo, se Vênus rege sua Casa 1 e está em sua Casa 9, você estuda ou leciona estudos de gênero, estudos femininos, a história *queer* ou qualquer coisa relacionada a isso?

REGENTE DO ASCENDENTE NA CASA 10

Carreira, vida pública e profissional

Se o regente do seu Ascendente está em sua Casa 10, você é direcionado para exercer funções profissionais e públicas. A Casa 10 é uma das casas mais fortes do mapa, e qualquer planeta aqui é visível e ativo na sua vida. Essa é a parte do seu mapa que está associada ao seu eu público e, se o regente do seu Ascendente está aqui, isso significa que sua vida é, em parte, voltada para a busca de seus talentos na esfera profissional.

Por meio da sua carreira e da sua vida pública, você encontrará as batalhas, os triunfos e realizaçoes mais importantes da sua vida. Seja o seu público grande ou não, isso não importa. O que importa é que você aceite o desafio de perseguir seus sonhos e encontrar seu lugar neste mundo. É nas funções públicas que você se conecta com o seu propósito, por isso não deve se esquivar delas, pois provavelmente lhe trarão realização.

Perguntas para reflexão

- A busca pela sua carreira ocupa grande parte da sua vida?

- Você acha que muitos dos seus relacionamentos gravitam em torno da sua carreira ou vida pública?

- Na sua vida pública, quais são os papéis mais importantes que você ocupa?

- A busca pela sua carreira lhe custou muita coisa na sua vida? O quê?

- O que o exercício da sua vida profissional ou pública o ajuda a perceber sobre você?

- A natureza do planeta que rege seu Ascendente se manifesta de maneira óbvia em seu trabalho? Por exemplo, se Júpiter rege sua Casa 1 e está em sua Casa 10, você é um educador? Você ocupa cargos públicos que são grandes, expansivos ou espirituais?

REGENTE DO ASCENDENTE NA CASA 11

Comunidade, apoiadores, patrocinadores, esperanças e sonhos para o futuro, sorte por meio de amigos e colegas de trabalho

Com o regente do seu Ascendente na Casa 11, a sua vida está, em grande parte, voltada para a sua rede de amigos e colegas de trabalho e para movimentos e organizações com as quais tem parceria. Aqui, a sua vida é direcionada para o desenvolvimento do seu papel nos grupos aos quais você se sente mais conectado. Para alguns, isso será fácil; para outros, desafiador; para a maioria, uma mistura dessas duas coisas. A principal lição desse posicionamento é que você precisa desenvolver um relacionamento consciente com os grupos para os quais contribui com sua energia.

Se o regente do seu Ascendente está na Casa 11, também é importante que você se cerque de boas companhias. Se o grupo está seguindo numa direção que o desagrada, a separação é necessária. Como, nesse posicionamento, você tanto pode influenciar o grupo como ser influenciado por ele, é importante se aliar a colegas que estimulem o seu crescimento, que o desafiem a dar o melhor de si e o inspirem a ter sonhos ambiciosos.

A Casa 11 é também o lugar onde temos a sorte de nos reunir àqueles que nos ajudam a encontrar amor, trabalho e propósito na nossa vida. Se o regente do seu Ascendente está na Casa 11, amigos, aliados e comunidades são provavelmente fontes de sorte para você. Os amigos lhe apresentam pessoas importantes na sua vida e o convidam a conhecer espaços, lugares e parcerias que o ajudem de maneiras monumentais. A qualidade da ajuda, é claro, depende do tipo de planeta e da posição dele no seu mapa.

📝 *Perguntas para reflexão*

- Quando você faz uma retrospectiva da sua vida, consegue perceber quais papéis sociais, dinâmicas de grupo e projetos coletivos foram mais influentes para você?

- Que oportunidades você teve graças às amizades que o definiram de alguma forma importante?

- Até que ponto você sente que a sua vida é dirigida pelos papeis sociais e pelas coletividades das quais faz parte?

- A natureza do planeta que rege a sua Casa 11 se manifesta de maneira óbvia em sua comunidade, nos seus grupos de amigos e nas esperanças e nos sonhos que você tem para o futuro? Por exemplo, se Marte rege sua Casa 1 e está na sua Casa 11, você percebe que é atraído por aqueles que se reúnem em torno de uma causa? O ativismo representa uma grande parte da sua vida? Você tende a ser atraído pelo trabalho em grupo, mas também tem alguma dificuldade para lidar com grupos, porque é muito independente? Você costuma travar relacionamentos tumultuados com a comunidade?

REGENTE DO ASCENDENTE NA CASA 12

Vida oculta, solidão, segredos, tristezas, autodestruição, energia criativa ligada à nossa dor

Se o regente do seu Ascendente está na Casa 12, a sua vida se concentra em desvendar os segredos de uma situação ou em trabalhar nos bastidores de qualquer coisa que lhe interesse. A casa 12 é o lugar onde as coisas ficam escondidas. Ela condensa todas as instituições em que uma sociedade concentra, abriga ou esconde aqueles que foram exilados da sociedade ou que, por qualquer motivo, não conseguem se integrar a ela. Sistemas carcerários, centros de reabilitação, hospitais e instalações de saúde mental são todos encontrados na Casa 12. Assim como incubadoras criativas, estúdios, salas escuras e lugares para você se sentar em solidão e criar.

A Casa 12 está associada à tristeza, à dificuldade e à dor contra as quais a psique luta. Se o regente da sua Casa 1 está na Casa 12, muitas vezes isso pode levar à autossabotagem e à autoanulação. Se você tiver esse posicionamento, precisará aprender como interromper esses padrões para que você possa experimentar os outros aspectos dessa casa. Quando você dá a si mesmo espaço para identificar e resolver o trauma que carrega, você encontra uma fonte de profunda energia criativa.

Perguntas para reflexão

- Você precisa de um tempo sozinho ou incubadoras para se conectar com sua energia criativa? Você valoriza esse tempo?

- Seu trabalho exige que você se afaste da sua vida social e dos papéis que representa na sociedade ou na sua vida profissional?

- Você se sente mais confortável nos bastidores do que no palco, onde é o centro das atenções?

- Você tem alguma experiência em instituições de saúde mental ou no sistema carcerário?

- A natureza do planeta que rege seu Ascendente se manifesta de maneira óbvia em sua vida interior, no seu trabalho de bastidores e na história da sua vida? Por exemplo, se Vênus rege sua Casa 1 e está em sua Casa 12, você se sente atraído pelo trabalho com mulheres, lésbicas com identidade feminina e pessoas em não conformidade de gênero, que sofrem em resultado da opressão sistêmica? Você é alguém que escava histórias esquecidas ou escondidas das mulheres em não conformidade de gênero? Você mesmo sofreu por causa da violência patriarcal e com base no gênero? Ter um benéfico como Vênus ou Júpiter na Casa 12 também pode significar uma dádiva, tornando essa violência menos difícil em algum aspecto.

O QUE VEM EM SEGUIDA?

Como acontece com qualquer área do conhecimento, o talento para entender a astrologia e interpretar seu mapa natal é resultado da sua capacidade de se familiarizar com eles – e isso leva tempo. Essa é a frustração que muitos podem sentir ao olhar para a enorme quantidade de informações em seu mapa. O que fizemos neste livro foi revisar os fundamentos do seu mapa, e minha esperança é que você se sinta um pouco mais seguro sobre o que você está vendo e o que tudo isso significa.

Sem conhecer as três chaves, o resto do mapa tende a ficar com muitas pontas soltas em nossa mente, mas, com elas, temos um contexto em que nos basear. Com a compreensão de que grande parte do significado do mapa depende da interpretação da posição dos luminares (Sol e Lua), do Ascendente e do regente (planeta que rege o Ascendente), somos capazes de entender por que algumas coisas são fáceis para nós e outras, desafiadoras.

Depois de seguir as etapas deste livro, você rapidamente será capaz de ver se existem outros planetas que não fazem parte das três chaves. Quaisquer planetas que não tenham relação com o Sol, com a Lua, com o Ascendente ou com seu regente ainda assim terão informações importantes a fornecer, mas (provavelmente) assumirão papéis coadjuvantes na peça de sua vida*.

Já que passamos muito tempo com Maya Angelou e Frida Kahlo, duas pessoas que exercem um tipo de impacto cultural que poucos conseguiram exercer, é importante notar que elas viveram uma espécie de experiência arquetípica para o resto de nós testemunharmos e sobre a qual refletirmos. Seu trabalho fala de sua experiência específica de uma forma universal. Podemos ver o mapa dessas duas mulheres tanto como uma expressão pessoal do propósito da vida delas quanto como o impacto arquetípico que elas exerceram sobre suas comunidades, seus campos profissionais e o mundo em geral.

Maya Angelou e Frida Kahlo fizeram deste mundo um lugar melhor por terem vivido nele, e a vida delas continua sendo um recurso para investigarmos, bem como uma base para construirmos politica, cultural e artisticamente. Nem todos podem conquistar o mesmo nível de fama ou domínio do nosso ofício, mas nunca sabemos a impressão que deixamos nos outros. Por meio da astrologia, podemos entender como é importante seguir o caminho traçado diante de nós – seu impacto, no entanto, está além do nosso controle e realmente não está nas nossas mãos. Estudando os mapas de Maya e Frida, tudo fica mais fácil, porque os arquétipos dos planetas neles ficam muito claros graças a tudo o que elas fizeram e deixaram para trás. O estudo da vida delas, das escolhas e dos mapas pode nos ajudar a entender as muitas maneiras pelas quais os planetas criam a infraestrutura da nossa vida. Temos o poder de fazer

---

* Existem outros regentes no sistema tradicional que não são abordados aqui, mas que são importantes para determinar a qualidade e a direção da nossa vida. (N. A.)

escolhas dentro dessa infraestrutura, mas seus alicerces não podem ser alterados.

A consulta com um astrólogo de confiança é a próxima etapa importante da sua jornada. Outra coisa que pode nos ajudar muito a entender o nosso mapa ocorre quando outra pessoa que é hábil no que faz nos abre espaço e reflete a nossa jornada de volta para nós. Eu ainda consulto Demetra George uma vez por ano e vou continuar fazendo isso até que ela se recuse a me atender. Essa consulta de uma hora é um complemento importante para o que eu já sei sobre mim mesma. Ela sempre oferece contexto e profundidade para os eventos da minha vida que fogem à minha compreensão, quando analiso meu próprio mapa.

Porém, ninguém me conhece tão bem quanto eu mesma e, portanto, é tarefa minha pegar as informações que qualquer astrólogo me dá e encontrar maneiras de colocá-las para funcionar. Fazer consultas com profissionais gabaritados é importante e benéfico para o seu aprendizado e a sua cura, mas só você pode analisar seu mapa a fundo. Como interpretar um mapa rodoviário, a leitura do seu mapa astral revela para onde você deve ir se o que precisa é restauração, estímulo, ativação e satisfação.

Eu quero que você entenda o seu mapa e depois se aproprie do significado, do impacto e do poder que ele tem. Eu e outros astrólogos podemos ajudá-lo a chegar lá, mas no final das contas é você que tem que entender a sua própria vida.

Compreender os detalhes do meu mapa me ajudou a me comprometer totalmente com o trabalho que eu estava destinada a fazer. A recusa em continuar ignorando meus talentos foi, literalmente, o que me levou a começar a escrever este livro. Depois de anos duvidando da relevância de minha ligação com a astrologia e com o ato de escrever em geral, consegui recuperar minha energia de dúvida ao longo da vida e redirecioná-la para as possibilidades criativas que estavam, e estão, esperando por mim. Minha esperança é que este livro ajude você, de alguma forma grandiosa ou sutil, a fazer o mesmo.

AGRADECIMENTOS

Tive a sorte de aprender com muitos grandes professores na minha vida, pessoas que entraram no meu mundo justamente no momento em que eu precisava da sua orientação. Eu sou a soma dos cuidados, da proteção e do amor dessas pessoas. Qualquer sabedoria que tenha conseguido cultivar devo ao trabalho emocional, intelectual e espiritual que elas me ofereceram, e este livro nunca teria sido escrito sem elas.

Para minha mãe, Teo Nicholas, cujo entusiasmo pela vida e cuja energia inesgotável sempre me apoiam. Eu nunca deixo de senti-los e ser grata por eles.

Ao meu pai, Tony Nicholas, que sempre me pagou para interpretar o mapa de todo mundo. Obrigada por ser o meu primeiro cliente e um defensor da minha profissão. Eu aprendi o valor de trabalhar com você – talvez até bem demais.

Para minha irmã, Lyndi Nedelec, que tem um coração gigante, a voz de um anjo e uma capacidade de cuidar das pessoas como poucos. Obrigada por sempre me amar exatamente como eu sou, de um jeito que só uma irmãzinha conseguiria. Você me ajudou a curar algumas das minhas dores mais profundas.

Cass, sua capacidade de testemunhar minha jornada, guardar minha história e refleti-la de volta para mim com tanto cuidado, clareza e senso de humor é um dos grandes presentes da minha vida. Eu não seria a pessoa que sou hoje sem você. Obrigada por me dizer como a energia mudava na sala cada vez que eu falava sobre astrologia. Você me ajudou a confiar nela, você me ajudou a me conectar com ela, você me ajudou a construir uma casa neste mundo para meu eu profissional e adulto, sem nunca tirar seus olhos do meu eu interior. O que aprendi em minhas sessões com você usei em todos os horóscopos que já fiz e vou usar nos que vou fazer. Se as pessoas amam o meu trabalho, elas amam você também, assim como eu.

Keri Lassalle, você tem sido uma líder de torcida para mim desde o começo. Você nunca me deixou esquecer quem eu sou e como esse trabalho é sagrado. Quando eu não tinha fé em mim mesma, peguei emprestado a sua e isso me carregou.

Eliza Melody Walter, você foi a melhor amiga que já tive. O seu lugar no meu coração, ninguém mais pode ocupar. Obrigada por sempre me ver. Obrigada por um milhão de madrugadas com um bilhão de coisas fascinantes para ressaltar. Nossas conversas duram a vida toda e me dão muito consolo e alegria.

Ulrike Balke, obrigada por aceitar meus biscoitos caseiros como pagamento pelas sessões de reiki durante quase uma década. Você sempre me ofereceu um espaço para eu resolver meus sentimentos, sentir meu corpo e honrar meu processo. Sua sabedoria e sua orientação foram uma âncora na qual me agarrei em tempos turbulentos e confusos. Eu gostaria que todas as pessoas tivessem o tipo de madrinha espiritual que você sempre foi para mim.

Demetra George, tem gente que passa o tempo aqui na Terra tão imerso em conversas com um corpo de conhecimento, com ou sem elogios pelos seus esforços, que se tornam uma parte intrínseca da própria linhagem.

Essa é você.

Você é uma astróloga do mais alto nível. Uma mitologista. Uma acadêmica. Uma mestra em seu ofício. Debruçada sobre textos antigos que fariam a maioria de nós chorar de exasperação e às vezes obras mal traduzidas dos nossos ancestrais astrológicos, você tem o tipo de paciência necessária para ouvir e decifrar as vozes do nosso passado para o resto de nós.

Você é a professora dos professores.

Estudar com você me conectou a uma história que eu não sabia que me faltava. Estudar com você me conectou a técnicas que esclareceram não apenas meu ofício, mas o propósito de minha própria vida. Estudar com você me ajudou a entender as mensagens simples, específicas e diretas do meu mapa. Eu havia olhado para ele por 26 anos e ainda não tinha certeza de suas diretrizes específicas. Até encontrar você, eu realmente não conseguia entender a escrita na parede – ou no céu.

Tudo que aprendi a fazer bem como astróloga se deve aos seus esforços meticulosos para me ensinar, e para ensinar ao mundo, sobre a profunda beleza e a sabedoria da astrologia. Sou eternamente grata a você e sempre grata por todo o tempo que passei com você.

APÊNDICE 1
CADA SIGNO E SEU SÍMBOLO, MODALIDADE, ELEMENTO E PLANETA REGENTE

SIGNO	MODALIDADE	ELEMENTO	PLANETA REGENTE
♈ áries	Cardinal	Fogo	♂ Marte
♉ touro	Fixo	Terra	♀ Vênus
♊ gêmeos	Mutável	Água	☿ Mercúrio
♋ câncer	Cardinal	Água	☾ Lua
♌ leão	Fixo	Fogo	☉ Sol
♍ virgem	Mutável	Terra	☿ Mercúrio
♎ libra	Cardinal	Ar	♀ Vênus
♏ escorpião	Fixo	Água	♂ Marte
♐ sagitário	Mutável	Fogo	♃ Júpiter
♑ capricórnio	Cardinal	Terra	♄ Saturno
♒ aquário	Fixo	Ar	♄ Saturno
♓ peixes	Mutável	Água	♃ Júpiter

APÊNDICE 2

CADA PLANETA E SEU SÍMBOLO, SIGNO DE DOMICÍLIO, SIGNO DE DETRIMENTO, SIGNO DE EXALTAÇÃO E SIGNO DE QUEDA

PLANETA	DOMICÍLIO	DETRIMENTO	EXALTAÇÃO	QUEDA
☉ SOL	Leão	Aquário	Áries	Libra
☾ LUA	Câncer	Capricórnio	Touro	Escorpião
☿ MERCÚRIO	Gêmeos Virgem	Sagitário Peixes	Virgem	Peixes
♀ VÊNUS	Touro Libra	Áries Escorpião	Peixes	Virgem
♂ MARTE	Áries Escorpião	Touro Libra	Capricórnio	Câncer
♃ JÚPITER	Sagitário Peixes	Gêmeos Virgem	Câncer	Capricórnio
♄ SATURNO	Capricórnio Aquário	Câncer Leão	Libra	Áries

APÊNDICE 3
AS CASAS

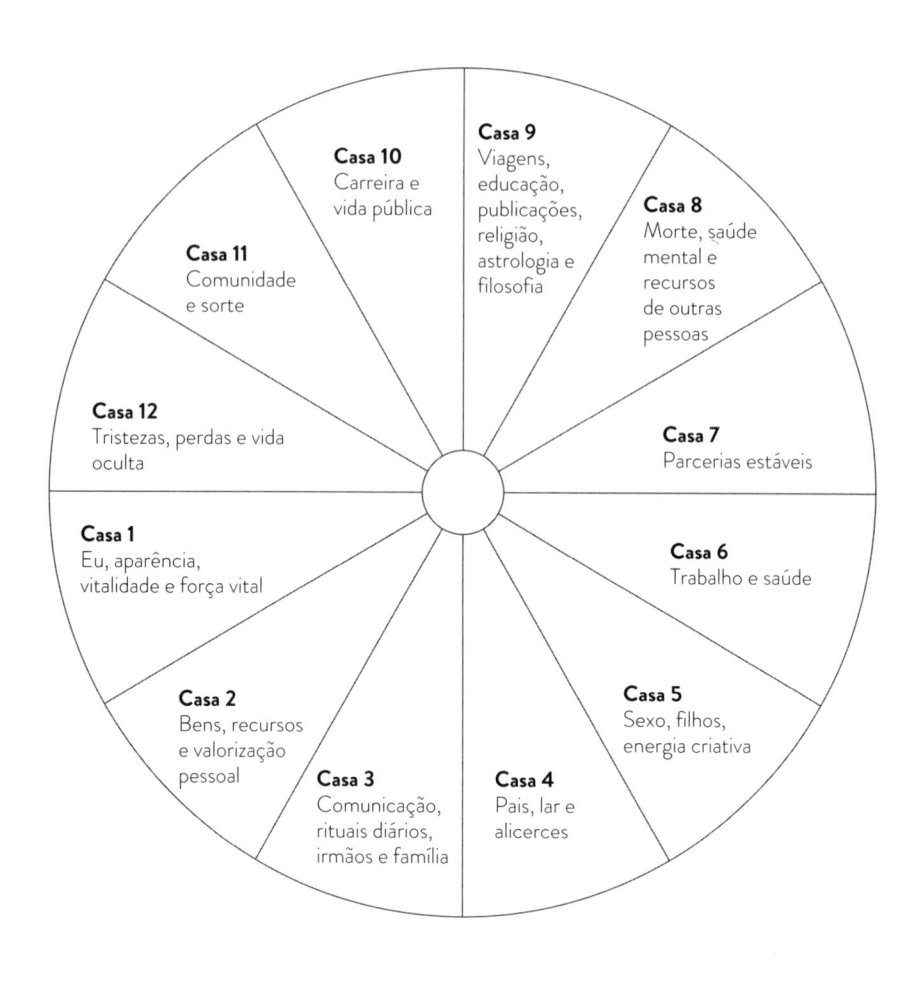

Casa 1 Eu, aparência, vitalidade e força vital

Casa 2 Bens, recursos e valorização pessoal

Casa 3 Comunicação, rituais diários, irmãos e família

Casa 4 Pais, lar e alicerces

Casa 5 Sexo, filhos, energia criativa

Casa 6 Trabalho e saúde

Casa 7 Parcerias estáveis

Casa 8 Morte, saúde mental e recursos de outras pessoas

Casa 9 Viagens, educação, publicações, religião, astrologia e filosofia

Casa 10 Carreira e vida pública

Casa 11 Comunidade e sorte

Casa 12 Tristezas, perdas e vida oculta

APÊNDICE 4
ACESSO RÁPIDO AOS ASPECTOS

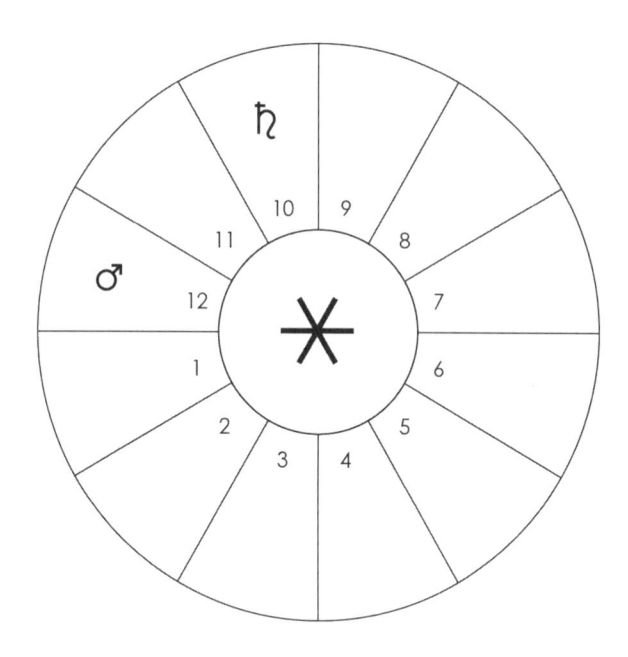

Planetas em casas que estão a um ângulo de 60 graus uma da outra formam sextis.

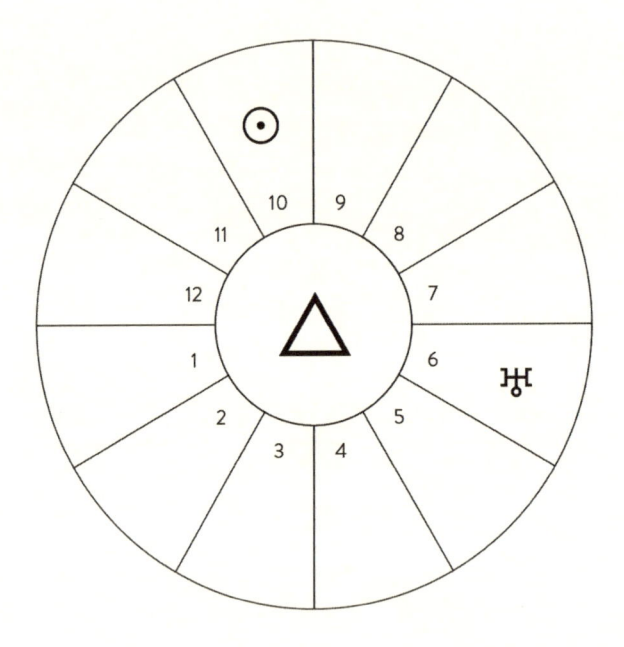

*Planetas em casas a um ângulo de 120 graus
uma da outra formam trígonos.*

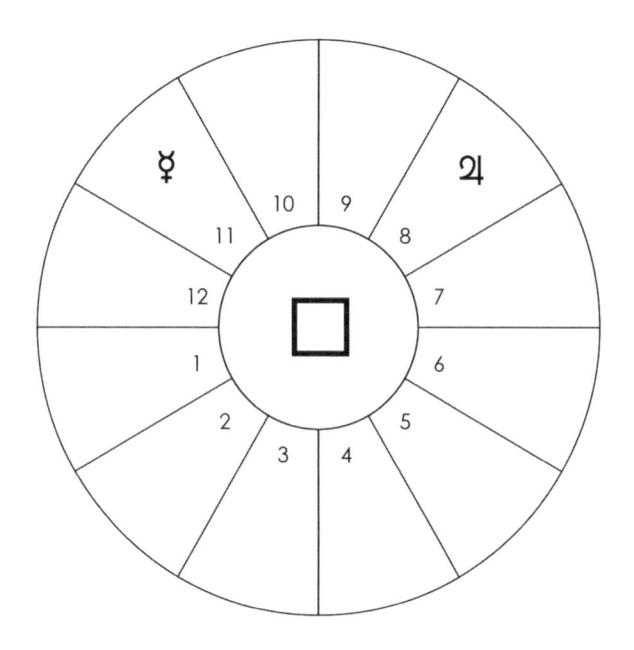

Planetas em casas a um ângulo de 90 graus uma da outra formam quadraturas.

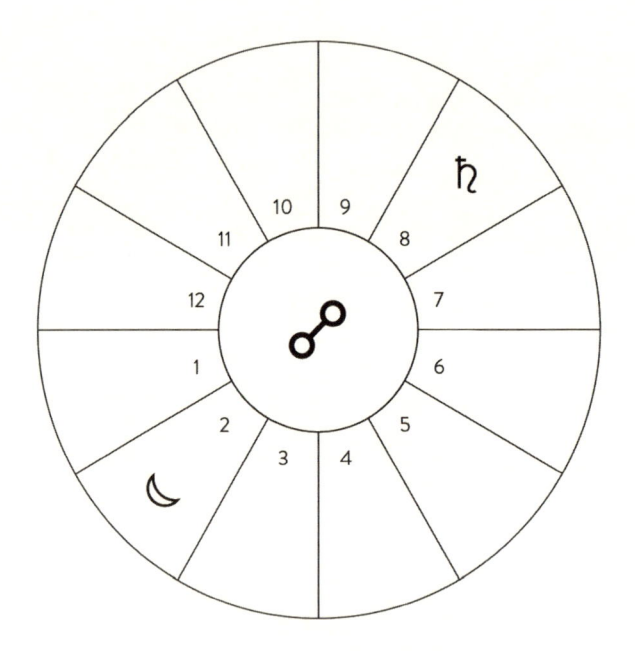

Planetas nas casas a um ângulo de 180 graus uma da outra estão em oposição.

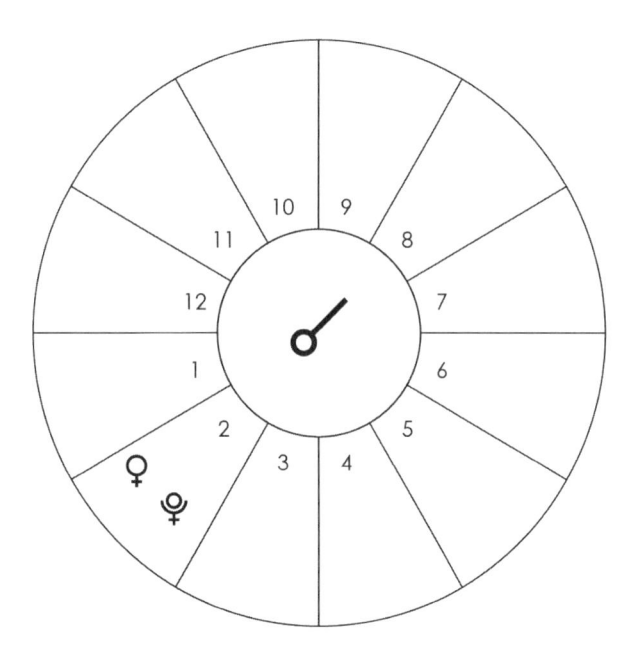

Planetas na mesma casa estão em conjunção.

APÊNDICE 5

MAPAS ASTRAIS DE MAYA ANGELOU E DE FRIDA KAHLO

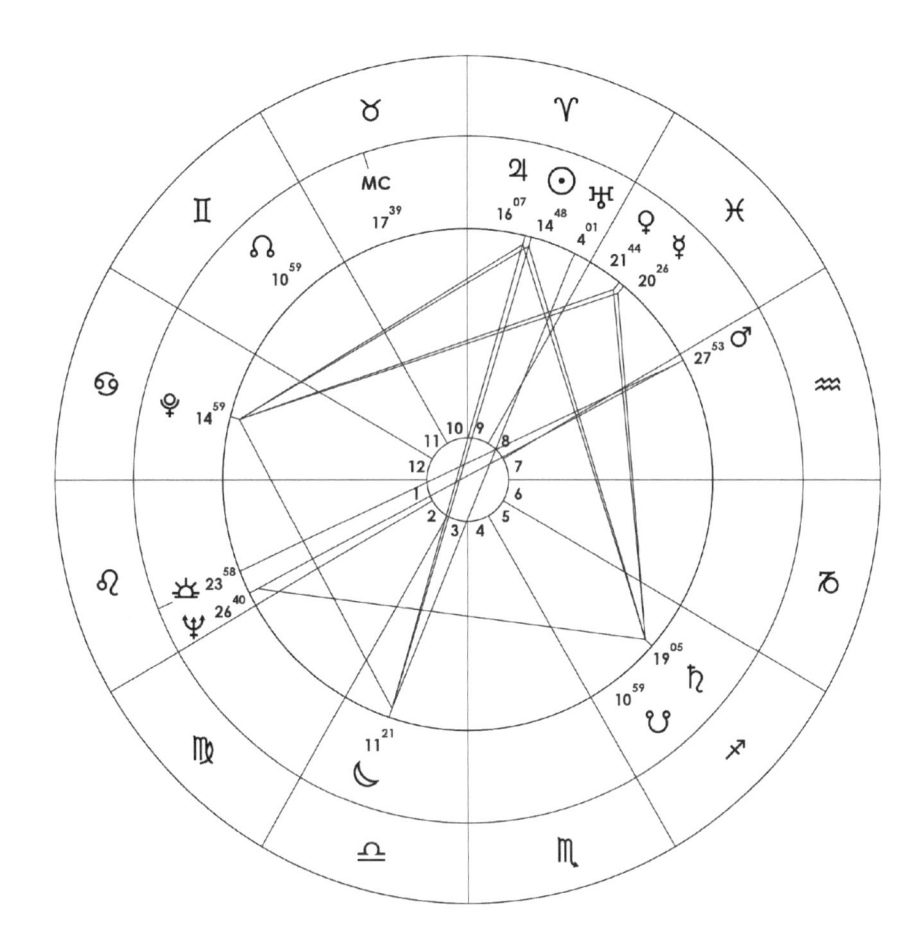

MAPA ASTRAL DA DRA. MAYA ANGELOU

Data e horário de nascimento: **4 de abril de 1928, às 14h10**

Local: **St. Louis, Missouri, EUA**

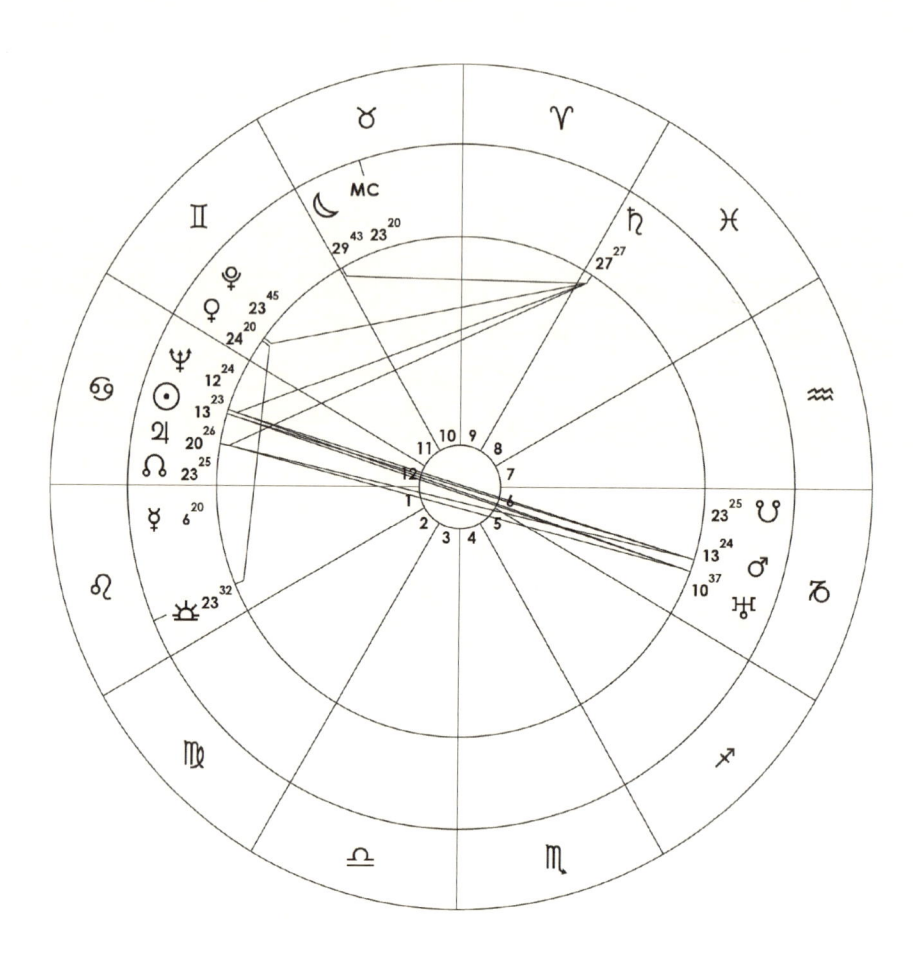

MAPA ASTRAL DE FRIDA KAHLO

Data e horário de nascimento: **6 de julho de 1907, 8h30**

Localização: **Coyoacán, Cidade do México, México**

Impresso por :

gráfica e editora

Tel.:11 2769-9056